O Monge e o Guerreiro

O Monge e o Guerreiro

Pelo espírito
Fernando

Psicografia de
Lizarbe Gomes

LÚMEN
EDITORIAL

O monge e o guerreiro
pelo espírito Fernando
psicografia de Lizarbe Gomes
Copyright © 2012 by
Lúmen Editorial Ltda.

1ª edição – junho de 2012

Direção editorial: *Celso Maiellari*
Coordenação editorial: *Fernanda Rizzo Sanchez*
Revisão: *Fernanda Almeida Umile*
Projeto gráfico e arte da capa: *Casa de ideias*
Impressão e acabamento: *Mark Press*

Dados Internacionais de Catalogação na Publicação (CIP)
(Câmara Brasileira do Livro, SP, Brasil)

Fernando (Espírito).
   O monge e o guerreiro / pelo espírito Fernando;
psicografia de Lizarbe Gomes. – São Paulo: Lúmen, 2012.

   ISBN 978-85-7813-068-8

   1. Espiritismo 2. Psicografia 3. Romance espírita
I. Gomes, Lizarbe. II. Título.

12-04658   CDD-133.93

Índices para catálogo sistemático:
1. Romances espíritas psicografados : Espiritismo   133.93

LÚMEN
EDITORIAL

Rua Javari, 668
São Paulo – SP
CEP 03112-100
Tel/Fax (0xx11) 3207-1353

visite nosso site: www.lumeneditorial.com.br
fale com a Lúmen: atendimento@lumeneditorial.com.br
departamento de vendas: comercial@lumeneditorial.com.br
contato editorial: editorial@lumeneditorial.com.br
siga-nos nas redes sociais:
twitter: @lumeneditorial
facebook.com/lumen.editorial1

2012

SUMÁRIO

O Espiritismo nos mostra o futuro sob uma luz mais a nossa altura: a felicidade está mais perto de nós, está a nosso alcance, nos seres que nos cercam e com os quais podemos entrar em comunicação: a morada dos eleitos não é mais isolada; há solidariedade constante entre o Céu e a Terra; a beatitude não está mais numa contemplação perpétua que não seria senão uma inútil ociosidade, ela está numa constante atividade para o bem, sob o próprio olhar de Deus; está não na quietude de um contentamento pessoal, mas no amor mútuo de todas as criaturas chegadas à perfeição. O mau não está mais relegado às fornalhas ardentes, o inferno está no próprio coração do culpado que encontra em si mesmo o seu próprio castigo; mas Deus, em sua bondade infinita, deixando-lhe o caminho de arrependimento e, ao mesmo tempo, deixa-lhe a esperança, essa sublime consolação do infeliz.

Alfred de Musset

A arte pagã, a arte cristã e a arte espírita
Revista Espírita, dezembro/1860

APRESENTAÇÃO

Aos leitores

Saudamos você, caro amigo, que passará a acompanhar o desenrolar desta história que nos foi permitido relatar.

Ela não é apenas uma das muitas tramas sobre irmãos separados que mais tarde se reencontram. O intuito é que cada um de nós possa encontrar outros elementos que despertem a atenção para a finalidade da vida e o quanto vagamos perdidos e iludidos por nossas próprias expectativas.

Você irá perceber, sem dúvida, outros tantos aspectos e nuances desta história que, embora fictícia, servirá para extrairmos importantes conclusões.

O objetivo aqui não é fornecer descrições detalhadas sobre os *pueblos* indígenas e sua destacada atuação na formação de vários países. Os episódios têm a finalidade principal de orientar e levar compreensão integral dos acontecimentos mais importantes na vida de cada personagem.

Desta maneira, você poderá avaliar com mais propriedade todas as razões que aproximaram novamente o monge e o guerreiro de outros tempos, para novos desafios neste nosso mundo atual.

Somos gratos a Deus, a nossos orientadores espirituais e a todos os amigos do plano físico que nos proporcionaram a alegria de trazer este trabalho ao conhecimento do público.

E o deixamos, estimado leitor, em contato com a história de Paolo e Reinaldo, respectivamente, o monge e o guerreiro. Certamente, eles serão mais dois amigos a merecer o seu afeto e a provocar-lhe intensas emoções!

Fernando
Pelotas, 17 de março de 2002

SOB A AÇÃO DO DESEJO

O relógio registrava pontualmente três horas da ensolarada tarde de sábado, na cidade de Londrina, quando Augusto Debroisy saiu de seu apartamento, dirigindo seu automóvel em direção à residência de um amigo.

Despedira-se afetuosamente da esposa e da filha e, em meio ao trajeto, ia formulando possíveis respostas às questões que, certamente, em breve lhe seriam expostas.

Augusto Debroisy, 42 anos de idade, quinze deles dedicados à Medicina, já vivera muitas situações semelhantes, mas aquela, em particular, atingia-lhe mais intimamente. Ele ia agora ao encontro de alguém que esperava ansiosamente sua palavra de facultativo experiente e também de amigo de juventude. Era preciso muito equilíbrio e bom-senso para lidar com a situação, qualidades que lhe eram peculiares e faziam com que ele fosse respeitado por colegas e pacientes. Contudo, ele não deixava de se sensibilizar por alguém a quem estimava como a um irmão mais novo.

Debroisy fora criado num ambiente em que a Medicina sempre se fez presente. Seu pai, Antoine Debroisy, um francês radicado no Brasil, dedicou-se à profissão de médico por mais de cinquenta anos, deixando como lembrança um nome venerado por várias gerações na cidade. E desde a época em que o pai clinicava e lecionava na Universidade de Medicina, Augusto, ligara-se à família dos irmãos Edgar e Roberto Yunes.

Os dois eram, agora, empresários bem-sucedidos do ramo moveleiro. Não residiam mais em Londrina, cidade onde haviam nascido. Há vários anos viviam na capital, Curitiba, onde os negócios em expansão requisitavam presença constante.

E era a Roberto, o mais jovem, a quem ele, em breve, dirigiria sua palavra de profissional e amigo. Este, como de costume, sempre procurava regressar à cidade natal, onde se sentia mais confortado e aconchegado no lar paterno que ainda conservava.

Debroisy chegava diante da ampla casa, já conhecida de tantos anos. Muitas vezes havia estado ali, rapazinho ainda, desfrutando, com Antoine, da amizade de Edgar, Roberto e de seus pais: Selmira e Alfredo Yunes, que não viviam mais na morada terrena. Os dois filhos cuidavam de preservar--lhes a memória, conservando com carinho o ninho doméstico onde foram criados.

No interior da casa, que primava pela simplicidade, Roberto, sentado no sofá da sala, tomava um refresco quando foi avisado pela empregada sobre a chegada da tão esperada visita.

Era sempre uma alegria poder abraçar Augusto. Bastava apenas ver sua fisionomia alegre transmitindo segurança para que ele se sentisse mais seguro. Os dois conversavam de forma bem animada e o médico, com o costumeiro bom humor, buscava influenciar o ânimo do ouvinte de maneira positiva. No íntimo, estimaria muito passar ali o resto da tarde, tratando apenas de assuntos amenos, lembranças pueris e planos para o futuro.

Todavia, sabia que não havia sido convidado para ir à casa do amigo somente com a finalidade de divertir-se. No meio da semana que findava, Augusto havia sido procurado em seu consultório pelo empresário Roberto Yunes, que consultava mais uma vez um médico de sua confiança, a fim de confirmar ou não o diagnóstico de sua delicada e pouco conhecida moléstia. E o amigo de tantos anos, após ver atentamente todos os exames, deu seu parecer: o paciente era de fato portador de uma degenerescência progressiva no sistema nervoso. A doença, a par de todos os cuidados médicos, era irreversível, e no decorrer de sua evolução causaria limitações motoras, impondo o uso de cadeira de rodas e a dependência de terceiros para todas as necessidades. Seria o envelhecimento precoce para Roberto, na época com 35 anos de idade.

O dono da casa falava animado de sua vida ao lado da esposa, a quem adorava, a jovem e bela Susana, que o acompanhava sempre, mas que se fazia ausente no momento, pois havia ido visitar sua mãe. O médico entendeu a intenção por trás da afirmativa. Por certo a esposa desconhecia ainda o frágil estado de saúde do marido. Sozinhos, os dois poderiam conversar mais à vontade.

Havia alguns meses que Augusto não a encontrava, mas ainda se recordava de sua bela e elegante figura. Tinha conhecimento de como os fatos a uniram a Roberto, que sempre fora apaixonado por ela.

Lembrava-se das circunstâncias em que se conheceram. Na época, Roberto, recém-formado na universidade, regressava ao Brasil depois de anos fazendo um curso de especialização no exterior. Tão logo havia voltado, revelara a Augusto ter conhecido a mulher de seus sonhos na casa de amigos, em cidade próxima. Entusiasmado, descrevia a moça como se a conhecesse de longo tempo. O amigo médico o escutava surpreso em sua narrativa, mas, estranhamente, um pressentimento vibrou em seu íntimo. Por mais que as circunstâncias dessem a entender que tudo transcorria numa perfeição de conto de fadas, algo parecia estar fora de lugar.

E Augusto não estava errado. Lembrava-se de que fora ele mesmo quem desfizera o engano ao ser apresentado a

Susana. Ele a reconheceu de imediato. Era a mesma moça que, anos atrás, havia tido um tórrido caso de amor com o irmão de Roberto, Edgar, que tempos depois se casou com outra mulher.

Felizmente, passado o tempo, ela e Roberto pareciam estar construindo um lar harmonioso. Ele, mais apaixonado do que nunca, abria seu coração, mais uma vez a Augusto. A esposa parecia estar definitivamente liberta da forte fascinação que parecia incliná-la para Edgar. O jovem empresário, com paciência e perseverança, havia conseguido conquistar a afeição daquela que o encantara desde o primeiro momento, tanto que jamais cogitou em mudar de planos e buscar outra companhia simplesmente porque ela, no passado, havia se relacionado com Edgar. Ao que tudo indicava, ela desconhecia o parentesco dos dois irmãos. Desfeito o mal-entendido, cada um dos envolvidos decidiu dar à sua vida o rumo que lhe pareceu mais justo: Edgar manteve seu casamento com Stefânia, com quem tinha um filho – Reinaldo; e Roberto desposou Susana, que agora, após três anos de casamento, estava grávida.

Em suma, Roberto tinha muitos motivos para se sentir um homem realizado em suas aspirações: havia lutado para ter um lar feliz ao lado da mulher que amava, vivia em paz com o irmão, a quem dedicava extremado apreço e admiração, e para coroar sua felicidade doméstica seria pai pela primeira vez.

E foi se lembrando deste fato, tão esperado em sua existência, que o largo sorriso se apagou da face do dedicado esposo e empresário. Uma dúvida perturbava seu raciocínio:

será que a doença daria tempo suficiente a ele para conhecer e conviver com o filhinho?

Havia chegado a hora de indagar a Augusto sobre como conviver com sua enfermidade e como conhecer suas características. Queria se munir de coragem para enfrentar tempos difíceis. Talvez, no seu entender, fosse ainda mais duro ter de dar a notícia aos familiares, em especial à esposa, grávida de dois meses. Como fazer isso? Como dizer aos seres amados que o momento de deixá-los estava mais perto do que poderiam supor? De que maneira prepará-los para a realidade de que isso só aconteceria depois de largo período de dolorosa agonia, sofrendo a progressiva limitação de suas habilidades motoras? Como exigir tamanho sacrifício dos familiares que veriam diante de si um rapaz definhar pouco a pouco sem que nada pudesse ser feito?

Debroisy, ao longo de vários anos de profissão, já havia passado por vários momentos bem delicados quanto este. Tinha visto vários amigos partirem, vencidos por enfermidades com as quais a Medicina, apesar de seus avanços, não conseguia deter da maneira desejável. Suportara o luto e a inconformidade dos familiares, as lições de coragem e fé, mas também o azedume e a desconfiança daqueles que lhe imputavam culpas, as quais ele sabia não merecer. Médico experiente, sabia falar com acerto, ao mesmo tempo infundindo ânimo e conforto na medida exata.

Mesmo assim, a cena o sensibilizava. Havia grande probabilidade de Roberto não ter a chance de ver o filho tão amado crescer. Passaria parte da infância dele sofrendo as lentas e dolorosas modificações que a doença lhe traria. Mesmo assim, confiava, Roberto não seria um pai ausente aos olhos do pequeno e certamente demonstraria todo o carinho e amor muito verdadeiros.

Roberto chorava. A simples perspectiva de um homem como ele, amante dos esportes, não poder dedicar ao bebê, algumas horas do dia num campo de desportos despertava-lhe um profundo sentimento de angústia e pesar. No entanto, ele continuava a confiar no acompanhamento do amigo Debroisy, mesmo a distância, a fornecer-lhe força e ânimo. Mais tarde, novamente iria solicitar sua ajuda no sentido de auxiliá-lo a comunicar a família de seu problema de saúde, que muito ainda iria exigir deles.

E assim, depois de algumas horas de conversa informal, o médico e amigo se retirou. Na saída, encontrou-se rapidamente com Susana, que o saudou efusivamente. Continuava a mesma mulher bela e atraente e, com simpatia, convidou-o para ficar para o jantar. O visitante declinou do convite com gentileza. Outros compromissos já marcados o aguardavam.

Assim, ele seguiu dirigindo seu automóvel, agora menos apreensivo e com a sensação de ter feito o que estava a seu alcance naquele momento tão delicado da vida de alguém a quem estimava como se fosse um irmão consanguíneo.

Havia transcorrido aproximadamente um mês desde a conversa entre Roberto e Debroisy, que dava curso às suas obrigações profissionais ao lado da esposa e da filha, além de dar prosseguimento aos compromissos firmados na Casa espírita a qual se filiara havia dez anos. Por meio do estudo constante do Espiritismo, o respeitado doutor aprendia a retemperar as forças perante as desafiadoras injunções do cotidiano. O gosto pelo conhecimento da Doutrina Espírita também era partilhado pela esposa, Martina, e pela filha, Míriam, de catorze anos. As duas também estavam vinculadas a grupos de estudo na Casa Espírita, bem como a trabalhos assistenciais.

Naquela manhã, porém, Debroisy seria abalado por uma terrível notícia. Ao terminar seu desjejum e preparar-se para sair, foi chamado às pressas para atender um chamado telefônico. Era de Curitiba, da residência da família Yunes, notificando o falecimento de Roberto.

Pego de surpresa, o médico e amigo não se ocupou com maiores detalhes acerca do ocorrido. Roberto havia desencarnado e ele foi comunicado sobre a data e a hora do sepultamento.

Sentiu-se atordoado. O que teria acontecido ao jovem empresário, ainda tão cheio de esperanças em relação à paternidade?

No decorrer do dia, obteve mais informações. O notável proprietário de conceituada fábrica de móveis havia se suicidado com um tiro na cabeça, em sua própria residência, na capital. O motivo do ato extremo era mantido em segredo. Suspeitava-se de problemas financeiros, enfim, aventava-se muitas possibilidades na falta de explicações cabais.

Naquele dia, mesmo, após atender os compromissos mais urgentes, Augusto e a esposa foram para o funeral, em Curitiba. Ele custava a crer no que estava acontecendo. O que teria levado Roberto a cometer ato tão desesperado? Naquele sábado em que se encontraram em Londrina mantendo longa conversação e nos diálogos telefônicos posteriores, ele havia se manifestado disposto a enfrentar a doença com os recursos de que dispusesse. Dizia estar se preparando para contar tudo a Edgar, à cunhada e à esposa. E, de repente, com um tiro na cabeça ele pôs fim a tudo! Algo muito sério deveria ter acontecido. Um dia, talvez ele ainda viesse a saber. Por ora, apresentar-se-ia mais uma vez à família, com caráter respeitoso e solidário, e não com a postura de quem vai investigar razões ou cobrar explicações de parentes, certamente arrasados pela dor.

No entanto, Debroisy era um homem atento e observador. Notou que ninguém fez menção à doença de Roberto. Passou a suspeitar que o enfermo nada lhes havia comunicado. A suspeita foi confirmada em meio a conversa com um colega que também o tratara e fora o primeiro a identificar o mal. Ele, de fato, havia solicitado sigilo do corpo médico, assegurando que aguardassem o momento exato para contar à família. Contudo, todos acreditavam que ele partira sem nada revelar.

Debroisy preocupava-se, em especial, com o estado de saúde da gestante, dolorosamente abalada pela súbita morte do esposo. Aproximou-se dela buscando confortá-la e levá-la até um local onde pudesse se afastar um pouco do murmurinho e respirar. Susana agradeceu a providência do médico. Este, por sua vez, notou o ar distante da viúva. Podia captar um pesar intenso a perturbá-la. Talvez por estar sob efeito de calmantes ou devido ao choque do inesperado acontecimento, ela não conseguia articular as palavras. Mesmo assim, Debroisy ouviu com clareza quando ela, vendo que ninguém os escutava, confessou em tom baixo de voz:

– Fui eu, Augusto... fui eu que causei essa tragédia! Eu sou a culpada pela morte dele! Só eu... só eu!

Ela falava com os olhos arregalados e a expressão terrível de quem se via agitada por tormentos íntimos. O amigo e ouvinte tentou acalmá-la, mas a viúva passou a dizer palavras sem nexo. Diante disso, ele achou prudente retirá-la do local para que ela pudesse se refazer do choque; o que foi providenciado pelos familiares. Antes de sair, ela, de maneira enigmática e com expressão de quem tinha muito a revelar, novamente se dirigiu a ele:

– Augusto, precisamos conversar! Eu ainda conto com a sua ajuda! Preciso muito lhe falar!

– Quando quiser, Susana! Continuarei sempre à sua disposição! Fique tranquila e cuide bem de você e de seu filho! – afirmou o médico com segurança.

Ele e a esposa regressaram para Londrina profundamente condoídos com o súbito e brutal desenlace de alguém a quem queriam tão bem. Sabiam que poderiam ajudar o jovem e talentoso rapaz que, infelizmente, entrara à vida espiritual pela porta falsa do suicídio. As razões que o teriam levado a isso permaneciam desconhecidas, mas quaisquer que fossem ainda seriam motivo de muito sofrimento para ele. É lamentável que tantos ainda cometam enganos desastrosos como o de julgar que pondo fim à vida física automaticamente se extinguem todos os problemas.

Triste saber que entre tantas vítimas desse engano estivesse agora Roberto, alguém tão caro às relações de amizade do casal.

Todavia, as surpresas e revelações não cessariam com o triste desfecho da existência terrena do jovem Yunes.

Não havia completado ainda um mês da data de seu decesso, chegava a vez de Edgar retornar a Londrina e procurar, afoito, a companhia de Debroisy. Ele, com sua calma habitual e postura equilibrada, recebeu-o em sua casa e percebeu, de imediato, a inquietude estampada na sua fisionomia e nos seus gestos, pois ele era um homem habitualmente contido ao expressar suas emoções. Podia-se dizer que estava tremendamente descontrolado.

Aos poucos, recobrou a calma e conseguiu se manifestar com mais clareza, embora visivelmente consternado em virtude dos fatos que, a seguir, narraria.

Havia chegado naquele dia em Londrina e se dirigido à casa da mãe de Susana, procurando por ela. Não a encontrou. Procurou por todos os lugares onde ela poderia ter se refugiado. Nenhum sinal de sua presença. Convencia-se agora que a esposa do irmão havia fugido, desaparecido, sem deixar sinal. Estava preocupado. Ela havia saído com algum dinheiro, roupas dela e do bebê. Precisava encontrá-la e, por isso, lembrou-se de recorrer ao amigo em quem ela confiava tanto.

Infelizmente, o casal Debroisy nada pôde informar, pois desconhecia o paradeiro da viúva de Roberto. Era de fato motivo de preocupação alguém desaparecer, principalmente uma mulher nas condições de Susana.

Mesmo após explicar as razões de sua presença inesperada na cidade, Edgar continuava inquieto e dando a entender que necessitava conversar mais. Sensível ao problema, Martina resolveu deixá-lo sozinho com Augusto.

Com efeito, Augusto estava prestes a conhecer um segredo que o deixaria mais do que surpreendido. Saberia agora as razões do suicídio do amigo. E, mais uma vez, iria se defrontar com a fragilidade dos intrincados sentimentos humanos.

Lentamente, Edgar foi inteirando o médico de todos os acontecimentos, na certeza de que ele era uma das poucas pessoas em quem ele poderia depositar total confiança. Assim sendo, começou a narrativa:

– Somente há alguns dias descobri que o suicídio de meu irmão foi premeditado. Encontrei Susana chorando desesperada com uma carta que ele havia escrito e deixado com exames médicos que havia realizado. Esses documentos, muito bem guardados, só foram achados quando ela tentava colocar em ordem os pertences do marido.

Edgar fez uma pausa, tentando ordenar as ideias e prosseguiu:

– Só, então, ficamos sabendo de sua doença e que ele não tinha esperança de viver muitos anos. Na carta, ele se despedia e dizia que não queria ser um estorvo na nossa vida... nem um obstáculo à minha união com Susana!

Edgar estava vencido pela emoção. Não conseguia pronunciar as palavras, mas queria continuar, contar tudo até o fim. Precisava se ver livre daquele pesar que por certo o acompanharia durante muito tempo ainda.

– Entendi que antes de desencarnar, ele, de alguma forma, descobriu toda a verdade. Sofreu sozinho, sem nada dizer a ninguém e, talvez por algum sentimento muito forte de pavor, ódio, revolta, ressentimento... desistiu de viver. E tudo porque eu não soube refrear meus sentimentos por Susana!

O médico, apesar de discreto, não pôde esconder o espanto:

– Edgar, você e ela continuaram a se encontrar após o casamento?

– Não, Augusto, foi apenas uma única vez em que eu... não contive minha paixão por ela. Augusto, eu sempre amei essa mulher e só me afastei dela, porque fui tolo demais para acreditar em invencionices e intrigas a respeito dela. Só mais tarde, descobri que tudo era obra de minha esposa, Stefânia, que criou vários estratagemas para nos separar. Eu, convencido de que tudo era verdade, expulsei Susana de minha vida e casei-me com Stefânia, a quem julgava ser pessoa de bem.

Mais tarde, quando ela inesperadamente surgiu outra vez em minha vida, já estava comprometida com Roberto. Senti, então, que a havia perdido de fato, pois jamais iria oferecer obstáculo às realizações dos planos de meu adorado irmão ao lado da mulher que amava. Nunca entendi a estranha determinação do destino em fazer com que nós dois nos sentíssemos atraídos pela mesma mulher. Ela, mesma, várias vezes, disse que se soubesse do parentesco que me unia a

Roberto, nunca teria encorajado a aproximação dele. E eu acredito, pois aprendi a confiar na sinceridade dela.

— Você tentou, então, manter-se distante, mas não conseguiu? — disse Augusto.

— Eu me deixei levar pelos impulsos e ela também. Novamente tornamos a nos entregar um ao outro, quando da ausência de Roberto. Devia ter vergonha de confessar isso, mas a você, meu amigo, não devo esconder nada.

Enquanto Augusto ouvia com atenção, percebendo que Edgar se via premido a se reportar a fatos que ele mesmo gostaria de esquecer, o inquieto visitante continuava:

— Depois, eu e Susana nos arrependemos muito. Nunca mais nos encontramos. Certa noite, porém, em meio a uma de minhas muitas discussões com Stefânia, soube que ela descobrira nosso encontro secreto e passara a detestar ainda mais Susana, a quem nunca aceitara de fato. Passou a tratá-la como inimiga e ameaçava contar tudo a Roberto. Preocupado, porque isso lhe traria um aborrecimento inútil, já que nem eu, nem Susana, pretendíamos reatar laços já desfeitos, pensei em uma maneira de impedir esse verdadeiro desastre. Foi assim que a enviei para uma longa viagem antes que ela pudesse ter qualquer contato com Roberto. Mas, meu amigo, o que começa mal termina mal! Como resultado de nosso encontro íntimo, fruto de nossa paixão fora de controle, Susana engravidou!

A revelação trouxe sobressalto a Augusto:

— Isso quer dizer que o filho que ela espera...

— Isso, não é de Roberto! É meu!

— Ele, por certo, de nada desconfiou, não?

– Ele não, mas Stefânia, que sempre foi muito esperta, soube de tudo. De alguma maneira, indiretamente como costuma agir, fez com que ele também ficasse sabendo. Um dia antes do suicídio, com muita amargura, exigiu que Susana lhe contasse a verdade e ela o fez... E Roberto não suportou!

Augusto estava diante de um drama familiar de grandes proporções. Como consequência, o ato tresloucado de Roberto ao apelar para a autodestruição quando se descobriu vítima de mal irremediável, traído pela esposa, a quem idolatrava, e pelo irmão, por quem era capaz de dar a própria vida. Além do estranho desaparecimento de Susana, que precisava ser encontrada, mesmo pretendendo se esconder com a criança e tentando, talvez, criá-la sozinha, longe de ambiente tão conturbado e infelicitado. Deveria estar sentindo profundo pesar e remorso e buscando dar novo rumo à própria existência, embora de maneira insólita e arriscada aos olhos de todos.

Por muito tempo o paradeiro de Susana permaneceria ignorado. Não foram poucas as buscas e investigações. Contudo, nenhuma delas logrou êxito. Ela havia desaparecido.

Já havia transcorrido mais de um ano quando Edgar resolveu encerrar suas buscas. Os argumentos de Stefânia mais uma vez o convenceram. Deixasse Susana viver com a criança no anonimato. Talvez fosse mesmo melhor para todos. Um dia ela reapareceria, espontaneamente, talvez mais segura. Não era prudente insistir.

Somente a mãe de Susana conseguiu visitá-la em segredo, sem nada comentar com ninguém. Pouco antes de falecer, em virtude de uma repentina parada cardíaca, a senhora revelou ter conhecido o neto, um lindo menino que se chamava Paolo, sem dar mais informações a pedido da filha. Mesmo assim, a notícia, embora vaga, acalmou o coração de Edgar. Seu filho havia nascido, estava bem. Muito estimaria conhecê-lo. Esperava que Susana se perdoasse e perdoasse a ele pelo erro cometido, o qual originou graves distúrbios na família. Assim, ainda que lhe causasse desconforto a ideia de saber que em algum lugar a mulher amada vivia com um filho seu, dispensando sua presença e influência, procurava respeitar o silêncio imposto por ela. Dava curso normal à vida, na esperança de um dia poder reencontrá-los.

Edgar era presidente das empresas Yunes e tinha ao seu lado a companhia da esposa Stefânia e do filho. Quando ele completou dez anos de idade, uma novidade veio modificar a vida da família: Edgar seria pai mais uma vez.

O primogênito, a princípio, não viu com simpatia a ideia. Estava acostumado a ser filho único, o centro das atenções dos pais. Mas à medida que a gestação de Stefânia avançava, o fato de ter um irmãozinho passou a cativá-lo e ele parou com as implicâncias iniciais. Quando o bebê nasceu e ele viu o pequeno Ithan pela primeira vez, passou a estimá-lo imensamente.

Na verdade, o cuidado e o amor dos familiares seria imprescindível para aquele espírito que retornava à experiência carnal. Ele logo manifestaria sinais de deficiência mental e exigiria elevadas doses de compreensão, paciência e carinho.

A princípio, os pais relutaram em aceitar a verdade. Logo, porém, compreenderam que aquela não era a forma adequada de agir. Buscaram se unir e se apoiar mutuamente e conviver com outros pais de crianças especiais, para aprender, aos poucos, a lidar com as limitações do filho. E Ithan cresceu cercado de conforto e segurança emocional, aprendendo a amar e ser amado.

Era dessa forma que o lar dos Yunes recebia mais uma vez o espírito Roberto, o irmão suicida de Edgar. Ali ele reiniciaria sua experiência ao lado de pessoas que o impeliram a propósitos sombrios, ao lhe negarem o amor, o respeito e a lealdade devidos. Ele, agora, voltava para ressarcir seus débitos e proporcionar a corrigenda dos males causados por Susana, Edgar e Stefânia que, movidos por interesses egoístas, acabaram por destituir-lhe a paz e a felicidade no lar. Agora, na condição de filho especial do casal, muito aprenderia e lhes ensinaria na escola da vida!

Susana seguia sua vida ao lado do filho, Paolo.

Já se iam longe os tempos em que ela vivia cercada de pavor, pesar e arrependimento. Havia, sim, fugido da residência dos Yunes, acossada pela culpa e pelo remorso. Saíra dali na esperança de encontrar um lugar onde pudesse abrigar-se e a seu filho e conseguisse viver sem os sobressaltos que a ameaçavam continuamente.

A fuga de Susana, aparentemente uma resolução repentina, mas que na verdade foi cuidadosamente calculada. Ela já sabia para onde se dirigir e se asilar.

A viúva de Roberto, graduada em Biologia, havia sido convidada pelo seu professor, o respeitado dr. Miroslav Zibronsky, a fazer parte de uma equipe de pesquisadores que iria trabalhar ativamente no estudo e na preservação de vasta área litorânea do Paraná. Seria um trabalho longo e pormenorizado, objetivando não só a constatação das espécies da fauna e da flora ali existentes, como também sua preservação. Susana inicialmente ficou entusiasmada com a ideia de participar de tão prestigiado projeto ao lado do eminente professor e de sua esposa, também conhecida bióloga e pesquisadora, a dra. Ethel Zibronsky.

Contudo, ao saber de sua gravidez, Susana decidiu recusar o convite. Calculava que, sendo mãe, muitas transformações ocorreriam em sua vida, dificultando uma adesão total ao projeto, como era de se esperar.

Todavia, a morte do esposo e a terrível sensação de não mais se sentir protegida dentro do próprio lar, fizeram-na entrar em contato com o casal Zibronsky e mudar de ideia aceitando a vaga oferecida. Comunicou-lhes sua situação de viúva e futura mãe, mas mesmo assim foi incentivada a juntar-se a eles. Poderia, se assim o desejasse, ir morar em agradável região e ali criar seu pequeno.

E foi esse o rumo que Susana deu à própria vida. Passou a trabalhar com Ethel e o prof. Miro, como era mais comumente tratado pelo amigos. Foi recebida como uma filha querida e lá encontrou forças para ter uma vida mais saudável, proporcionando ao pequeno Paolo viver em um lugar aprazível onde ele podia desfrutar a grandiosidade e a sabedoria da natureza, longe da perversidade humana.

E, assim, aquela Susana sofrida, amargurada e acossada por culpas foi se apagando para dar lugar a uma mulher disposta a recomeçar com equilíbrio, após ter aprendido com os próprios erros.

Enquanto Susana imprimia profundas transformações em sua vida, de maneira inesperada e incompreensível para muitos, o casal Edgar e Stefânia também vivia de maneira mais amistosa do que até então acontecia. Não existiam mais discussões sem propósito, brigas motivadas pela vaidade excessiva e amor-próprio desmedido. O nascimento de Ithan fizera com que ambos se aproximassem, descobrindo novos valores da vida e imprimindo novos rumos a um relacionamento que havia muito estava se desgastando.

O filho doente passou a requisitar-lhes um comportamento mais atento, altruísta e afável. Ficaram para trás as frequentes acusações e cobranças que por tanto tempo infelicitaram a vida deles. Eles seriam, por toda a vida, as pessoas encarregadas de apoiar Ithan em todos os momentos da existência, dado a sua fragilidade mental. Ele dependeria sempre dos pais, de suas decisões acertadas, do bom-senso e do amor a triunfar no coração de cada um.

Era justamente sobre esse assunto que Edgar e Augusto Debroisy conversavam reservadamente nos jardins da casa de Edgar, em Curitiba, naquele alvorecer do ano de 1990. O filho mais novo estava às vésperas de completar sete anos de idade, e o médico, escolhido para ser seu padrinho, não descuidou de levar seu carinho ao afilhado, mesmo não podendo se fazer presente no dia do aniversário.

Passados quinze anos do inexplicável sumiço de Susana, o acontecimento passava agora a ser visto sob outro prisma. E era a isso que Debroisy se reportava em suas ponderações com o dono da casa.

– Por incrível que possa parecer, Edgar, talvez hoje possamos afirmar que se por um lado a atitude intempestiva de Susana em sumir sem dar notícias trouxe preocupação, tristeza e aborrecimento, por outro também foi benéfica.

– Entendo seu ponto de vista, Augusto. Também concordo. Se ela tivesse permanecido aqui, certamente meu casamento com Stefânia não teria sobrevivido. Hoje eu estaria separado dela, talvez unido à mulher que eu amava verdadeiramente e Ithan nem teria nascido.

– E ele precisava dessa experiência ao lado de vocês – rematou o interlocutor com a conhecida segurança.

A afirmação induziu Edgar a uma atitude reflexiva. O amigo parecia saber mais do que declarava naquela frase impregnada de algum significado, para ele ainda desconhecido. Sabia da dedicação de Debroisy ao estudo do Espiritismo, embora em poucas oportunidades houvessem conversado sobre o assunto. Naquele momento era como se o companheiro, que já partilhara de tantos segredos e momentos difíceis, estivesse a lançar uma semente em solo fértil, propício a se desenvolver.

Edgar passou a recordar fatos, buscando respostas, contando com a interpretação sempre sensata do admirado amigo:

– Augusto... você é a única pessoa a quem confiei meu segredo. Só você, além de Stefânia, sabe que sou pai de Reinaldo, de Ithan e de Paolo. Só você sabe o quanto eu estimaria poder conhecê-lo, abraçá-lo, sentar com ele, e conversar sem pressa. E também sabe de todas as acusações que tive de suportar de Stefânia após o nascimento de Ithan, lembrando-me a todo momento que certamente eu preferiria estar com o filho de Susana ao meu lado, uma criança saudável e não com um menino especial. Tive de enfrentar tudo isso, você sabe...

– Sei sim, Edgar, mas você soube superar as dificuldades e garantir seu amor e segurança no tratamento a Ithan, oferecendo a sua família a certeza de que não iria desampará-los.

– Isso é certo, Augusto. Hoje não imagino minha vida sem Ithan, Stefânia e Reinaldo, em quem deposito minhas melhores expectativas. Ele tem sido um filho compreensivo, um irmão amoroso e paciente e está sendo preparado para me suceder na empresa. Acredito que alcançará bons resultados.

– Fico feliz, Edgar, por saber que você, hoje, vive um momento menos atribulado de sua existência. Está confiante no futuro e considera que tudo se ajustou ao longo do tempo.

– Em parte, você está certo. Mas ao mesmo tempo me incomoda saber que Susana talvez tenha agido com acerto ao se afastar de mim, privando-me da companhia de meu filho legítimo. Sempre me perturbou pensar que ela até hoje possa estar me acusando de ter-lhe causado transtornos. Logo eu que sempre lhe quis tão bem.

– Não se atormente, Edgar – recomendou Augusto, com prudência –, a vida é assim mesmo: coloca tudo no lugar no seu devido tempo. Susana deve estar vivendo bem com o filho e talvez nem alimente rancor contra você. E quem sabe ainda venha a mudar sua resolução e se faz presente outra vez?

– Ah, amigo! Queira Deus que isso aconteça, mesmo! Só iria me trazer felicidade!

De repente, Ithan apareceu animado com o brinquedo novo que ganhara do padrinho e foi logo se acomodando no colo dele. Era um menino magro, de olhos escuros, cabelos negros e olhar meigo. Sabia se fazer entender com gestos simples, visto que suas limitações o impediam de articular as palavras com clareza. Mas Debroisy o entendia muito bem e o menino adorava sua companhia. E ele estava ali, bem à vontade, com o padrinho, mostrando o que aprendera a fazer com o brinquedo.

Observando a cena, enternecido, Edgar se recordou das palavras pronunciadas por Augusto: "E ele precisava dessa experiência ao lado de vocês", e se perguntou mais uma vez o que teria trazido aquele menino que cativara a todos ao convívio da sua família. Até então, não havia nenhum caso anterior de deficiência mental, nem entre os parentes dele, nem entre os da esposa. Sabia da crença de Augusto na reencarnação e presumia que ela, de fato, poderia explicar muitos casos até então sem resposta. Não chegou, porém, a apresentar suas dúvidas ao interlocutor, que estava sempre pronto a elucidá-lo de maneira objetiva. Ele estava sendo literalmente arrastado por Ithan para o outro lado da casa, onde estavam os animais de estimação. A interrupção repentina pôs fim ao diálogo amistoso. Mas haveria de chegar o momento apropriado para que Edgar, por meio do esclarecimento, pusesse fim às suas antigas inquietações.

EM BUSCA DA REDENÇÃO

No mês seguinte, seria a vez de Paolo comemorar seu 15º aniversário, na cidade de Guaratuba, onde residia com a mãe.

Como sempre a primeira pessoa a vê-lo no dia em que comemorava seu nascimento era sua madrinha, a índia Iareci, a mesma que fez o parto de Susana. Ela vencia distâncias, mas jamais havia estado ausente na data natalícia de Paolo.

O rapaz recebia agradecido e comovido o cerimonial de bênçãos, nome que ele dava às orações em língua nativa, às ervas e aos gestuais feitos pela senhora e aprendidos com seus antepassados ou orientados por seres do bem ou espíritos de luz, como ela dizia, que sempre a acompanhavam nessas práticas, respeitando suas crenças originais.

Eles haviam lhe ensinado muitas coisas, desde a sua juventude. Ela os via como companheiros que já não viviam mais na Terra, mas nem por isso deixavam de ser sábios e bons conselheiros. Iareci os escutava e trabalhava com eles, sempre no sentido do amor e da caridade. Eles sustentaram suas forças nos momentos mais difíceis de sua vida. Os espíritos de luz, amigos de todas as horas, ensinaram-lhe a não odiar e jamais querer o mal, mesmo aos homens que mais tormentos lhe causavam. Ela havia perdido a filha, o genro e o esposo, todos brutalmente assassinados durante um confronto no qual madeireiros inescrupulosos avançaram sobre terras anteriormente ocupadas por indígenas, interessados na farta quantidade de madeira nobre existente nas matas. O crime, perante a Justiça terrena, ficou impune, pois nunca se conseguiu provar a sua autoria. Os implicados souberam se defender de todas as acusações. A Iareci restou apenas a companhia da neta, única sobrevivente do massacre. Uma boa mulher conseguiu fugir com ela, salvando-lhe a vida.

Inaê, agora com dezesseis anos, ainda vivia com ela, em um vilarejo próximo a Guaratuba. Era uma bela e risonha jovem, cuja meiguice e vivacidade eram cativantes. A moça havia se criado ao lado de Paolo e ambos se queriam como se fossem irmãos legítimos. Naquele dia, ela também acompanhava a avó e aguardava na sala, enquanto ela terminava o ritual das bênçãos.

Susana admirava o carinho e a fidelidade daquelas pessoas. Muito havia sido ajudada por elas, desde que chegara àquela região, na desconfortável situação de fugitiva de um passado cheio de culpas. Felizmente, havia encontrado pessoas valorosas, cujas ações sempre despertaram seu respeito e admiração.

Ela conversava com a doce Inaê e ouvia suas impressões sobre a cidade.

– A cidade é muito bonita, dona Susana – dizia ela com simpatia –, mas tem gente demais. Prefiro o cantinho onde nasci.

– Faz bem, Inaê! Se você é feliz, faça o possível para preservar o lugar onde vive – recomendou Susana.

Ambas silenciaram ao ver a aproximação de Iareci, que mais uma vez confirmou que Paolo receberia as bênçãos até completar 21 anos, idade em que estaria em condições de alçar voo.

O rapaz trazia uma fisionomia alegre e desanuviada. Sentia-se muito bem com a presença da madrinha e suas rezas ancestrais. Tinha extremado carinho pela parteira que o trouxera ao mundo. Ficava também feliz em rever Inaê. Ambos passariam a manhã passeando pela cidade, até a hora de Inaê e Iareci partirem.

No decorrer do dia, o rapaz continuou recebendo o carinho e os cumprimentos de vários amigos a quem conquistara por seu caráter bondoso, altruísta e humanitário, sempre pronto a colaborar com quem necessitasse. Sua alegria de viver era marcante e parecia contagiar a todos.

Nas palavras de Iareci, Susana era mãe de um espírito de luz, alguém que vinha de um lugar distante para semear o amor, o entendimento e o perdão entre os homens. Ela afirmava isso desde os primeiros dias de vida do menino e a predição parecia de fato estar se confirmando. Paolo tinha grande riqueza interior, que se manifestava no olhar bondoso e compreensivo, no sorriso franco, nos modos gentis de tratar as pessoas e na atitude serena e confiante de quem realmente viera para ajudar.

Contudo, à medida que ele crescia aumentava em Susana o receio de contar-lhe sua verdadeira origem. A mãe o havia registrado como filho de Roberto Yunes e ele acreditava que ele havia morrido antes do seu nascimento.

Somente Ethel e o marido conheciam a verdadeira versão dos fatos. Susana passou a vê-la como uma mãe atenta e compreensiva, e as duas aproximaram-se ainda mais depois do desenlace de Miroslav Zibronsky. Anos antes, o casal já havia perdido uma filha num acidente aéreo. Daí, afeiçoarem-se rapidamente à jovem gestante e a acolheram.

Agora, viúva, Ethel apegara-se ainda mais a Susana, sua assistente nas pesquisas científicas, e a seu filho, Paolo. Sempre a havia incentivado a contar toda a verdade ao rapaz. No seu entender, cedo ou tarde chegaria o momento em que somente ele poderia decidir sobre seu futuro. Era justo saber que seu pai ainda vivia na capital, era um talentoso empresário que, por certo, também gostaria de conhecê-lo; era preciso saber da existência de seu outro irmão, enfim, identificar suas origens.

Susana, entretanto, receava. Temia que tal atitude lhe causasse mais dificuldades do que proveitos. E se Stefânia, com sua conhecida maldade, interferisse de alguma maneira na reaproximação de pai e filho? Ela nunca havia aceitado sua presença como esposa de Roberto. Estaria disposta a reconhecer o filho ilegítimo do marido? Enfim, havia outros interesses em jogo que, contudo, deveriam ser considerados. Não suportaria ver Paolo sofrer depois de tantos anos tentando preservá-lo da perversidade humana.

Ethel sorria diante da ingenuidade de Susana. Acaso lhe seria possível proteger o filho a vida inteira das ciladas do mundo e da *perversidade humana*? Evidente que não. Por que então postergar o inevitável, argumentava a experiente senhora. Todavia, nunca as duas chegavam a uma conclusão em comum. Susana continuava ocultando a verdade por julgar que assim seria melhor para o filho, enquanto Ethel sugeria o contrário. Mesmo assim, respeitava a decisão, mantinha o segredo, embora discordasse claramente.

Alguns dias depois do aniversário de Paolo, mais uma vez mãe e filho recebiam a visita da simpática e tão adorada amiga Zibronsky. Estavam as duas moças conversando na sala quando se fez silêncio. Num programa de televisão aparecia a imagem do entrevistado da noite, que havia sido premiado como Empresário do Ano, devido às iniciativas de sua fábrica moveleira em reduzir o número de resíduos poluentes e se empenhar no reflorestamento, tudo aliado à manutenção da excelência dos móveis produzidos. Também era patrocinadora de entidades que proporcionavam às crianças lições de como conviver com a natureza sem destruí-la e outras nobres iniciativas. Por todo esse trabalho, Edgar Yunes estava sendo homenageado, e sua participação se fazia destacada no programa de entrevistas daquela noite.

Paolo chegava no momento em que Edgar explicava e salientava suas ações. Não viu seu nome, mas revelou entusiasmo ao dizer:

– Muito bem! O mundo precisa de homens empreendedores como este! É de se elogiar a sua atitude!

Tanto Ethel como Susana ficaram abismadas diante da admiração que o rapaz manifestou pelo entrevistado sem supor que estava se referindo ao próprio pai.

A seguir, o jovem se retirou, indo estudar. Susana não conteve as lágrimas pelas surpresas: rever o rosto de Edgar; ouvir sua voz firme; ver sua personalidade carismática, que tanto a envolveu no passado; e presenciar o impacto positivo que sua figura anônima causou em Paolo.

Ethel compreendeu a delicadeza da circunstância e a convidou para irem até a varanda, onde poderiam conversar mais à vontade. Logo Paolo sairia para a escola e deixaria as duas imersas em recordações do passado.

Susana apresentava à gentil senhora, que a ouvia na condição de confidente, a versão completa dos fatos, da maneira como nunca havia feito antes. Sempre preferiu falar o menos possível sobre si e o casamento com desfecho trágico e surpreendente. Contara a verdade a Miroslav e a Ethel, mas não chegara a abrir seu coração como fazia naquele instante. Voltava há mais de quinze anos atrás, como se tudo houvesse acontecido recentemente. E dizia das impressões que haviam ficado gravadas em sua memória:

– Quando conheci Edgar eu era muito jovem. Fiquei fascinada por ele, que era um homem culto, sagaz, muito charmoso e atraente, assim como se conserva até hoje... você viu. Acredito que provoquei nele o mesmo impacto. Assim, iniciamos nosso relacionamento.

Sempre soube que ele conhecia Stefânia havia tempo, mas, em minha ingenuidade, nem desconfiava que ela pudesse ter por ele sentimentos tão obsessivos. No entanto, agia como se nossa ligação não a afetasse em nada. Apenas fingia, ocultava suas verdadeiras intenções para que a tivéssemos como amiga.

Quando teve oportunidade, soube, com habilidade e malícia, aproveitar-se de situações constrangedoras, falhas de comportamento, tanto minhas como de Edgar, dando aos fatos uma dimensão exagerada e muito distante da realidade. Por fim, já desconfiados um em relação ao outro, foi fácil para ela criar armadilhas, mentiras e calúnias. Ela fez tudo de maneira tão insuspeita e sutil que quando percebemos tínhamos nos afastado. Foi uma fase muito triste para mim.

– E quando você descobriu tudo? O que fez?

– Já era tarde, Stefânia soube ser rápida. Apresentou-se aos olhos dele como se fosse uma pessoa íntegra, digna de toda a confiança, ideal para ser sua esposa. Soube envolvê-lo, seduzi-lo. Ele, por certo, confuso, decidiu aceitar sua companhia. Não tardou muito e eles, para surpresa de todos, casaram-se.

— E Roberto? — inquiriu Ethel. — Edgar não costumava falar sobre o irmão?

— Falava, sim, muitas vezes. Mostrava-me fotos de Bebeto, como ele o chamava, ainda criança e jovem. Sentia saudades dele, que estudava no exterior. Sempre dizia que ficaria muito feliz no dia em que pudesse me apresentar, no entanto, os acontecimentos tomaram rumos inesperados para todos!

Susana remetia-se agora ao dia em que viu Roberto Yunes pela primeira vez:

— Conheci Roberto na casa de alguns amigos, assim que ele regressou de viagem. Acredite, Ethel, só fui saber que ele era da família Yunes algum tempo depois, quando já estávamos apaixonados um pelo outro.

— Então, você sentiu por ele uma atração diferente da que sentiu por Edgar?

— Sempre foi assim. O primeiro deixou em mim as marcas de uma paixão arrebatadora. Foi como um dia de tempestade. Os meses que vivi ao lado de Edgar foram muito intensos para nós dois. Mas, com a mesma rapidez que começou, acabou. Roberto tinha um temperamento diferente. Também conquistou meu afeto, mas de maneira envolvente, aos poucos, continuamente. Mostrou-se mais sensível e emotivo, ao contrário do outro, sempre muito prático e contido nas suas emoções. Eu também gostei muito dele, algo em sua personalidade me enternecia e me unia a ele.

– Susana, o que você sentiu quando retornou àquela casa com Roberto?

– Todos já sabíamos da peça que o destino havia nos reservado. Mesmo assim, achamos que isso não seria um empecilho à minha união com Roberto. Como fomos tolos e presunçosos! Ah! Se eu pudesse imaginar que não seríamos tão fortes como imaginávamos, jamais teria prosseguido na tentativa, mas...

– Talvez, no fundo do coração, você estivesse querendo atingir Stefânia, sua rival de outros tempos, não é? – arriscou Ethel com sua conhecida franqueza.

– Não vou negar. Senti-me envaidecida ao ver o olhar furioso que ela me dirigia, embora tentasse disfarçar tratando-me com boas maneiras. Mas também era verdade que eu nunca quis usar os sentimentos sinceros de Roberto para atingi-los. Nunca foi minha intenção vingar o orgulho ferido por meio dele. Nunca tive essa maldade comigo, posso lhe assegurar. Eu também queria que ele fosse muito feliz!

– E Stefânia não quis interferir?

– Não. Ela nunca teve ascendência sobre Roberto. Ele sempre ouvia o irmão, por quem sentia elevado respeito e admiração. Convenceu-se de que Edgar, prestes a ser pai, não se oporia ao nosso casamento. Pobre Roberto... foi ingênuo ao pensar que o sacrifício seria plenamente suportado pelo irmão. Justamente por amá-lo tanto, exigiu dele tamanha abnegação. Ethel, eu deveria ter fugido naquele momento, antes de causar tantos transtornos entre os dois que se queriam tão bem... antes que minha vida se enchesse de mágoas, sofrimentos e arrependimentos!

– Mas você ficou, na certeza de que seria capaz de vencer a prova de fogo – acrescentou Ethel.

– Como eu disse antes, fomos presunçosos ao supor que seríamos capazes de tratar a situação com naturalidade, ao imaginar que eu e Edgar simplesmente pudéssemos apagar uma fase de nossa vida tão marcante. Tentamos, Ethel. No início parecíamos estar convencidos disso. Roberto confiava em nós. Stefânia não. Sempre à espreita, estava muito atenta aos passos do marido. Eu notava que ela sempre evitava nos deixar sozinhos por muito tempo. Ela nos vigiava, sempre desconfiada.

À essa altura, Ethel ponderou:

– Ela se sentia ameaçada. Devia ser difícil saber que a mulher que o marido amara tanto estava tão perto. A situação era também desconfortável para ela.

– Por essa razão, já no primeiro ano de casamento, pedi a Roberto que nos mudássemos para um lugar mais afastado, a fim de deixá-los mais à vontade, enquanto nossa morada definitiva não ficava pronta.

Susana, então, se recordou que certo dia percebeu que estava vivendo verdadeiramente uma farsa.

– Roberto confiava em nós e na vigilância constante da cunhada. Talvez estivesse me testando... não, isso seria muita crueldade da parte dele. Não seria capaz de criar situações apenas para testar nossa fidelidade. Não estávamos em um jogo e ele sabia disso. Seja como for, uma noite ficamos sozinhos, eu e Edgar. Alguma razão muito forte fez Stefânia não estar presente. Edgar se aproximou e, por um instante, vi nele o mesmo olhar apaixonado de outros tempos. Tentei desviar, mas fiquei imóvel. Ele se aproximou mais e, sem nada dizer, apenas me tocou e eu... nada fiz para evitar! E foi assim, Ethel, foi dessa maneira que se acendeu em nós uma brasa que já estava adormecida!

– E vocês tornaram a se encontrar!

– Não! Nunca mais! Ficamos muito mal com tudo isso. Eu não conseguia olhar para eles. Nunca me perdoei por não ter me controlado. Não queria piorar tudo. Ele pensou da mesma maneira. Foi uma atitude impulsiva. Jamais poderíamos imaginar que teria consequências tão desastrosas! Se pudesse, apagaria esse dia que se tornou um tormento para nós. Eu e Edgar vivemos o prazer e acordamos com a dor.

– E quando Roberto soube, tirou a própria vida, sem nada fazer contra você nem contra Edgar.

– E nos impôs a pior punição. Fez nos sentirmos causadores da tragédia que vitimou um ser tão querido para nós. Por que, Ethel? Por que ser tão cruel consigo mesmo? Ele era um homem bom, inteligente, saberia encontrar uma maneira de resolver a situação. Por que se matar, deixando-nos esse pesar que nos acompanhará pelo resto da vida?

– Quem pode explicar as razões que levam alguém ao suicídio, Susana? Entre as vítimas estão jovens e adolescentes descontentes com as primeiras frustrações da vida; pessoas idosas, desiludidas com as próprias experiências; ricos; pobres; sãos; doentes; enfim, todo tipo de pessoas. E até mesmo algumas consideradas modelos de equilíbrio e bom-senso, assim como Roberto. De uma hora para a outra, ou após terem premeditado tudo, elas põem fim à própria vida, acreditando ser a maneira de se salvar de um mal pior. É um problema antigo da humanidade, de difícil solução, enquanto as pessoas não se armarem de forças e se sentirem capazes de vencer as próprias aflições, como você afirmou que Roberto poderia ter feito.

– Nós mesmos poderíamos tê-lo ajudado a resolver a crise causada por nossa intemperança. Cuidaríamos dele na sua enfermidade... Por que se matar? Por quê?

As lágrimas brotaram mais uma vez dos olhos de Susana, que revivia mentalmente o dia infeliz em que Roberto fora encontrado no escritório da casa, mortalmente ferido. Recordou-se também do dia em que Edgar a encontrou chorando, enquanto arrumava os pertences do esposo e achava a carta reveladora com os exames médicos. Nunca se esqueceria da frase que ele pronunciou com profundo sentimento:

"Ah, Meu Deus, perdoa-me! Eu armei o braço de meu irmão contra si mesmo!"

Ethel a acalmou e julgou prudente que ela descansasse. Já se fazia tarde e o longo desabafo havia lhe feito muito bem. Em seguida, Ethel se retirou, levando consigo suas próprias conclusões a respeito de tudo o que ouvira.

No mesmo instante que, em Guaratuba, Susana lançava um olhar retrospectivo quanto a sua convivência com a família Yunes, que em Curitiba, viviam momentos de preocupação.

Ithan estava acometido pelo sarampo, uma doença tipicamente infantil, mas que requeria cuidados. Já era noite alta quando Stefânia abriu a porta do quarto do enfermo e deparou, mais uma vez, com cena enternecedora. O irmão, recém-chegado de exaustiva viagem com os amigos, adormecera ao lado de Ithan, provavelmente após longa conversa com ele, tentando distraí-lo e induzi-lo a um sono mais sereno. Assim que soube que o pequeno havia adoecido, Reinaldo retornou o mais breve possível. Tinha por ele extremado amor e desvelo, preocupava-se sempre com seu bem-estar. Ele trabalhava, estudava, saía com os amigos, mas sempre achava uma maneira de se fazer presente ao lado do irmãozinho que também o adorava.

Stefânia, vendo os dois dormindo abraçados, recordara de outras tantas vezes em que isso havia acontecido. Alegrava-se ao ver a ternura e a forte união criada entre eles. Algo fazia lembrar a mesma amizade existente entre Edgar e Roberto.

Certamente ele também, se fosse vivo, compartilharia do afeto dos sobrinhos, presumia Stefânia. Sempre fora generoso com todos e, mais ainda, com os familiares. Infelizmente, desistira de viver, jovem ainda, deixando uma lacuna nunca preenchida na vida do irmão.

Para ela, o suicídio do cunhado também teve um gosto amargo. Arrependeu-se de ter agido nas sombras e, indiretamente, conspirado para que ele soubesse da traição da esposa por meio de terceiros. Jamais poderia imaginar que a atitude dele seria tão radical. Supunha que o cunhado tinha intenção de se separar de Susana, afastando-a do convívio de todos. Só que isso não aconteceu. Talvez por se sentir na iminência de se ver desamparado pelas pessoas que mais deveriam apoiá-lo durante a longa enfermidade ou por perder a confiança naqueles a quem mais amava, Roberto tenha decidido desaparecer da face da Terra antes de se sentir ainda mais humilhado.

Dali em diante, uma sucessão de infaustos acontecimentos abalou seu casamento, já assentado em bases falsas. Edgar tornara-se um homem amargurado, como se o peso do remorso o encurvasse para o solo. Stefânia teve de insistir muito para que ele não perdesse em definitivo o gosto pelas viagens, pelos passeios e pelas atividades, que tanto apreciava. Teve ainda de tolerar a tristeza estampada no rosto do amado, todos os dias, por não saber notícias de Susana e de seu filho... seu filho desaparecido. E ainda hoje, se pudesse unir-se a eles, certamente o faria, segundo as suposições da esposa enciumada.

No entanto, muitas mudanças ocorreram no decorrer do tempo. Aos poucos, a família foi se reequilibrando e aprendendo a ceder lugar ao amor e entendimento. Mas as feridas, apesar de cicatrizadas, continuavam a existir.

Dias depois, no escritório de sua residência, Edgar terminava seus afazeres. Aquela data em particular, era penosa para ele. O calendário marcava mais um aniversário da morte de Roberto. Doía-lhe saber que o irmão, companheiro de bons e maus momentos, partira cheio de ressentimentos em relação a ele, levando consigo a sua imagem de traidor vil e desumano.

A origem de tudo residiu na imagem equivocada que Edgar fez de si mesmo, concluía agora, com o amadurecimento concedido pelos anos. Desde o início, quando soube do envolvimento do irmão mais novo com a mulher que amava, devia ter assumido outra atitude. Dizer de seu desgosto, de sua contrariedade, influir para que Roberto se afastasse dela ou então pedir que fossem viver o mais longe possível.

Mas não! Edgar não protestou. Calou em si o sentimento de contrariedade porque quis ser magnânimo, demonstrar uma fortaleza íntima e uma firmeza moral que os fatos acabaram por provar que ele ainda não possuía. Mais uma vez, como costuma acontecer entre os irmãos mais velhos em relação aos caçulas, Edgar abriu mão de algo que queria em benefício do menor. Via Roberto tão animado, tão apaixonado! Por que privá-lo da felicidade, ainda que isso lhe exigisse certo sacrifício? Avaliava.

Pensando assim, Edgar procurou ser rígido consigo mesmo e sofrear qualquer intenção no que se referisse a Susana. Seriam apenas amigos. Respeitar-se-iam mutuamente, conscientes de que não era lícito reviver emoções do passado. Haviam cometido muitos enganos. Se não tivessem se deixado levar pelas mentiras e armadilhas de Stefânia, por certo estariam juntos, mas haviam trilhado outros rumos e não convinha acusar ninguém pelos seus desacertos.

Assim, Edgar, casado, pai de um filho tentou conduzir-se de modo digno, ignorando a presença de Susana e fingindo não sentir mais nada por ela. Fingia ver com naturalidade o fato de o irmão viver com a jovem que ele sonhara para si. Notava, na esposa de Roberto, a mesma disposição, mas tudo ruiu na primeira oportunidade em que ficaram sozinhos e puderam desfrutar da intimidade. As máscaras da magnanimidade, da renúncia e da abnegação caíram então por terra e só então eles viram que haviam calculado mal a dimensão de suas próprias forças! Mais lamentável fora o fato de que isso vitimou Roberto de forma tão cruel, pensava Edgar consigo mesmo.

O gesto do irmão foi surpreendente e terrível. Ele abdicou da vida por se ver desgostoso e ultrajado. Por que não o procurou, não o agrediu, não transferiu para ele toda a sua ira em vez de projetá-la contra si mesmo? O ato insano de colocar fim à própria vida era condizente com os cavalheiros românticos do século XIX, mas não com um homem prático e esclarecido como Roberto. Ah! Como deve ter sofrido! Tudo por causa da hipocrisia alheia! Tudo por acreditar que os seres amados eram equilibrados e fortes o suficiente para saber respeitá-lo, tudo em vão, cogitava Edgar.

Enfim, passaram-se os anos e o destino de Susana e do filho permaneciam ignorados. Edgar nunca dissera a Reinaldo que ele tinha outro irmão. Ele apenas sabia da existência do tio, morto ainda jovem, cuja esposa havia viajado para longe, sem dar mais notícias. Achava estranho, sem dúvida, mas não dava muita atenção ao fato.

Stefânia, por sua vez, já não se sentia mais ameaçada pela pessoa a quem ela sempre considerara uma intrusa. Continuava amando e apoiando o marido, empresário de sucesso, bem como os dois filhos. Era uma mulher firme e determinada, que soubera solidificar sua posição dentro daquela casa, mesmo após tantos desacertos. Sempre soube que, se Susana não tivesse partido, provavelmente não seria assim e a detestada rival estaria em seu lugar. Isso se os dois amantes conseguissem vencer o pesar pelo envolvimento na morte de Roberto.

Enfim, restava preocupar-se com o futuro, e Stefânia via com muita esperança o fato de Reinaldo ser um moço ativo e interessado nos negócios da família. Queria sempre estar a par das inovações tecnológicas que viessem a beneficiar a produção e intensificar os ganhos. O patrimônio amealhado, presumia a mãe confiante, muito ainda haveria de crescer nas mãos do filho, hábil e inteligente. E esperava que o futuro reservasse a ele uma vida conjugal feliz e harmoniosa, livre dos sobressaltos e infortúnios tão conhecidos pela família!

À LUZ DA VERDADE

Passaram-se três anos. Paolo estava com dezoito anos de idade. Trabalhava e prosseguia os estudos.

Naquele ano, como costumava acontecer nas férias de Susana, os dois iriam passar alguns dias na Ilha do Mel, lugar de natureza exuberante, onde desfrutavam aprazíveis momentos. Era um local amado por Paolo desde sua infância e ali ele retornava sempre que possível.

Não esquecia também de visitar a madrinha, Iareci e sua neta, Inaê, que moravam num vilarejo de pescadores próximo dali. O estado de saúde de sua velha benfeitora debilitava-se ao longo dos anos. Ela padecia de uma moléstia coronariana que periodicamente lhe impunha aflições. Mas com seus próprios medicamentos feitos a base de ervas, conseguia alcançar certo alívio. Mas Iareci sabia que não permaneceria neste mundo por muito tempo. Mesmo assim, procurava infundir ânimo nos que a cercavam, temerosos de sua ausência. Ninguém mais do que ela sabia que a vida se estende muito além do que os olhos da matéria podem alcançar.

Notava a experiente senhora o quanto as visitas de Paolo revigoravam seu estado geral. Ela experimentava sensíveis melhoras cada vez que o rapaz se aproximava dela, com o olhar terno de sempre e a bondade estampada no rosto. Talvez nem ele mesmo percebesse o quanto as energias que dele se desprendiam auxiliavam no refazimento de Iareci. Ela ficava agradecida e comovida com as atenções daquela pessoa a quem vira nascer e a quem dedicava seu mais puro carinho.

Ao longo da vida, ela aprendera a identificar as qualidades morais das pessoas. Conhecera índios perversos e vingativos, honestos, trabalhadores e de alma nobre; conhecera brancos e negros pervertidos pela maldade e outros tantos, com as mesmas características étnicas destes últimos, mas que traziam a consciência leve e o coração cheio de alegria pelo bem que promoviam em torno de si. Neste elenco, incluía, além de Paolo, Susana, Ethel e demais pesquisadores que se mostravam incansáveis na luta pela preservação daquele lugar ameaçado pela desatenção do homem quanto às riquezas naturais.

Durante a visita, Iareci dirigiu a palavra a Susana, mais uma vez em tom amigo, mas não menos misterioso. Paolo havia saído com Inaê para rever as adoradas paisagens da infância, deixando-as sozinhas.

Falando devagar para evitar o cansaço, Iareci afirmou, com o olhar muito vívido, como se transmitisse um conhecimento provindo de além das fronteiras da matéria:

– Susana, tive mais uma visão de Paolo. Ele andava entre várias pessoas e muitas delas eram do meu povo! Ele espalhava bênçãos e amor a todos, mas ele vestia uma roupa diferente!

– Roupa diferente? – inquiriu Susana, surpresa. – E como era essa roupa, Iareci?

– Você saberá em breve, minha filha. O mais importante é que ele estava feliz na sua tarefa. Está chegando o momento de ele servir, sempre e cada vez mais.

– Eu estava junto, Iareci?

– Não, Susana. Quando chegar a hora, ele não mais viverá perto de você... não como agora.

A mãe do rapaz, desapontada, baixou os olhos. Aprendera a acreditar nas visões de Iareci. Até o momento, suas predições haviam se concretizado de uma maneira impressionante até ao mais incrédulo dos homens. Ela era uma figura respeitada não só entre os de sua comunidade – remanescentes de antigas tribos que viviam no litoral paranaense –, como também entre os demais. Sabia a hora exata de fazer revelações quanto ao que sabia sobre o futuro das pessoas e por certo, naquele instante, preparava Susana para importante mudança que se daria em sua vida e na do filho.

Um momento de silêncio se fez entre as duas. Susana refletia. Era quase inimaginável para ela viver longe de Paolo, mas sabia que cedo ou tarde isso aconteceria. Dificilmente um rapaz como ele permaneceria ao lado dela para sempre. Haveria de ter outros compromissos, sim, mas a mãe alimentava ainda o desejo de que o afastamento não se fizesse prolongado.

Vinha agora à sua mente, o gosto particular que Paolo vinha demonstrando: estudar as biografias dos santos. Muito estimava saber das realizações dos seres que foram canonizados pela Igreja Católica, em particular, São Francisco de Assis, Teresa de Ávila e seus êxtases, Santo Antônio de Pádua, Santa Clara e outros tantos.

Notava nele vivo interesse pela vida religiosa. Mas será que essa tendência seria tão forte assim? Agora as palavras da velha índia pareciam fazer sentido. "Provavelmente as roupas diferentes usadas por Paolo em suas visões fossem hábitos ou batinas de alguma ordem religiosa. Será?", conjeturava Susana atônita. Decididamente, Iareci não tinha como saber das intenções dele. Talvez nem ele mesmo soubesse ainda. A madrinha apenas antecipava-se ao fato para que Susana, diante de profundas mudanças, de repente não se visse tão perdida.

De súbito, a madrinha quebrou o silêncio, afirmando:

– É preciso que Paolo espalhe bênçãos sobre a Terra. Para isso, ele tem sido preparado e continuará sendo, mesmo depois de minha partida para o mundo que os homens não veem. Fique tranquila, Susana. Seu filho ficará muito bem.

– O que ele vai ser? Um curandeiro como você?

– Muito mais do que isso! Ele vai ajudar as pessoas a curarem as feridas da alma atormentada.

Susana entendeu. Na sua visão, talvez Deus estivesse requisitando o serviço do filho, oriundo de uma relação *pecaminosa* a fim de redimir os erros praticados por ela.

Durante muito tempo, com a consciência culpada, Susana aguardou o julgamento divino. A penalidade que o Criador dos mundos lhe reservaria para que ela expurgasse seu ato infame, de triste consequência, a ponto de causar o suicídio de um homem que sempre a amou. Até ali, no entanto, apesar de todas as dificuldades enfrentadas, não havia identificado nenhum sinal de Deus a exigir-lhe algum sacrifício, na forma de punição. Ao contrário. Encontrara um bom lugar para viver, um trabalho que era a alegria de sua vida, excelentes amigos e colegas e um filho de boa índole, companheiro de todas as horas.

Mas teria chegado o momento de pagar seu débito, renunciando a vida ao lado dele? Seria esta, então, a penalidade?

Susana estava com a fisionomia transtornada e a mente confusa.

Iareci, que a conhecia bem, entendeu a intensa tempestade que lhe agitava o íntimo.

Enquanto ela sorvia um chá calmante, a boa amiga lhe esclareceu os temores dizendo:

– Paolo não será castigado. Não fará coisa alguma para anular os erros de ninguém. Cada um colhe o que planta, não é? Ele veio do plano espiritual com o intuito de ensinar pessoas a se amarem e se respeitarem. E faz isso porque já esteve muitas outras vezes na Terra para aprender. Eu sei dessas coisas, porque os espíritos de luz me disseram. Não é a primeira vez que a terras e os mares veem Paolo passar.

Mais uma vez Susana via Iareci, a seu modo, reportar-se à existência da reencarnação. Muitos da tribo acreditavam que após a morte do corpo físico a alma voltava à Terra para evoluir. Embora ainda tivesse dúvida a respeito do assunto, a mãe passou a supor que a tarefa do filho não tinha relação com seus erros. Era algo que competia a ele fazer por seus próprios méritos e não por expiação das culpas de outra pessoa. De fato, o raciocínio lhe pareceu mais lógico e a solução mais justa. Ficou menos apreensiva com o que estaria para acontecer.

Abraçou Iareci demoradamente. Ambas oraram pelo rapaz, a quem tanto bem queriam, e logo Susana despediu-se da amiga, levando consigo o sigilo da conversa.

De fato, em breve, ele passaria a se sentir, cada vez mais, naturalmente inclinado para a vida religiosa. Encaminhava--se então para cumprir seu trabalho na Terra, não em nome da punição divina, mas em nome da Lei do Amor, única capaz de vencer as sombras criadas pela ignorância humana.

Enquanto Susana se surpreendia diante dos prognósticos de Iareci sobre o futuro de Paolo, ele, despreocupadamente, vivia momentos descontraídos na praia ao lado de Inaê, sua amiga de infância. Mais uma vez, como faziam nos melhores dias dos tempos de criança, estavam se expondo ao sol, depois de delicioso banho de mar nas águas límpidas da Ilha do Mel. Como aquela paisagem era acolhedora para eles! Ambos brincavam e se divertiam diante do mar imenso, que provocava intensas divagações em Paolo, que animado afirmava:

– Ah, Inaê! Como eu gostaria de ter um barco bem grande para navegar mar afora e ir até o outro lado, sem pressa de voltar!

A jovem índia o olhava surpreendida e sorridente:

– E por que gostaria de ir tão longe, Paolo?

– Para conhecer outros povos, outras línguas, outros costumes, Inaê! Do outro lado do oceano vivem os mais diversos povos, você não sabia?

– Sabia, mas nunca tive vontade de conhecê-los! Paolo, jamais pensei em me afastar daqui! Eu adoro esta praia, adoro o vilarejo onde vivo! Nem me imagino vivendo em outro lugar!

Paolo sorriu diante da tranquilidade e simplicidade de Inaê. Apreciava demais estar em sua companhia. Para ele, a jovem representava o que de mais puro e sincero havia no mundo. Sempre quis muito bem a ela.

Enquanto conversavam, surgiu um jovem alto, sorridente e de pele bronzeada. Era Jocelito, pescador que vivia no mesmo vilarejo de Inaê e que também se fazia presente na ilha. Ele havia sido companheiro de infância tanto dela como de Paolo. Jocelito, amistoso como sempre, trocou algumas palavras e se retirou para atender seus compromissos.

Paolo, notando o interesse do rapaz pela jovem, questionou-a, curioso:

— Inaê, por que você e Jocelito ainda não estão namorando?

A pergunta a deixou corada e ela sorriu sem jeito. Muito à vontade, o amigo completou o pensamento:

— Vi os olhares que ele lhe lançou, Inaê, e você também os percebeu. Sabe que ele é apaixonado por você, não é?

Vendo que o rapaz insistia em saber sua opinião, Inaê não fugiu à questão e explicou seu ponto de vista:

— Paolo, sei que ele gosta de mim, mas Jocelito não é a pessoa certa.

— Por que você diz isso? Jocelito ama tanto este lugar quanto você; é um homem bom, trabalhador, amigo de todos e sempre a quis bem, Inaê! Por que não lhe dá uma chance?

Inaê foi rápida e segura na resposta:

— O homem que vou amar de verdade não *vive* do mar... ele *virá* do mar!

— Ah, Inaê! Quem lhe falou isso? É mais uma das visões da madrinha?

— Não, Paolo! Eu sei que vai ser assim! Não sei explicar, mas sei que será assim! E, além disso, não poderia me unir a Jocelito apenas porque ele gosta de mim. Sei que ele sente vergonha de mim porque sou índia!

— Não é verdade, Inaê — contestou Paolo. — Isso já não é mais importante nos dias de hoje!

— É sim — insistiu a jovem com os olhos tristes. — Existem brancos que não nos aceitam e gostariam que nós não existíssemos. Nem todos são bons assim como você e sua mãe!

– E, rematando o pensamento, continuou: – Você sabe por que minha avó ficou mal do coração?

– Não, Inaê. O que houve? Alguma preocupação grave, algum aborrecimento?

A indiazinha tinha agora uma expressão mais séria e o olhar profundo. Empregando um tom emotivo à voz, contou:

– Há alguns dias, minha avó foi chamada às pressas para socorrer uma mulher que estava em trabalho de parto e ameaçava perder a criança. Ela foi, como sempre. Fez o parto, que foi muito difícil, precisou de muito tempo, mas, felizmente, a mãe e a criança se salvaram. Os pais ficaram muito agradecidos e a recompensaram. Quando ia saindo, minha avó encontrou o avô da criança, que chegara apressado depois de saber que a filha quase morrera. Sabe quem era o tal homem?

Inaê parou, como se quisesse recobrar as forças. Seus olhos estavam marejados de lágrimas.

– Era um dos homens acusados de ter participado da matança de meus pais e de outros índios da aldeia! Era ele mesmo... minha avó o reconheceu.

– E ele se lembrou dela? O que havia feito? – indagou Paolo interessado.

– Ele se ajoelhou diante dela e não parava de chorar. Agradecia-lhe e pedia perdão. Foi apenas isso que conseguiu fazer depois de saber que minha avó havia salvado a vida da filha dele, enquanto ele havia ajudado a exterminar a família dela.

– E ela ficou tão emocionada que acabou adoecendo do coração? Pobre madrinha!

– Ela é uma mulher muito boa. Perdoou o homem por tudo o que lhe causou. Eu não sei se conseguiria agir assim! – exclamou Inaê acabrunhada.

– A madrinha pagou o mal com o bem, assim como recomenda Nosso Senhor Jesus Cristo! – concluiu Paolo com acerto.

– Pois é, até Jesus foi morto pela maldade dos homens, não é, Paolo? – revidou.

– Sim, Inaê, mas suas últimas palavras na cruz, mesmo depois de machucado e perseguido injustamente, tinham por objetivo nos ensinar a perdoar quem nos faz mal.

– Ah, Paolo, ouvindo-o falar tenho a sensação de que ainda viveremos num mundo sem maldades, onde não existirá nem perseguidos, nem perseguidores; um mundo dominado pelo bem e onde todos os homens estarão unidos pelo amor, sem barreiras, sem preconceitos, nem destruição.

– Sim, Inaê... exatamente como diz a letra daquela canção do seu povo que você adorava cantar em língua nativa, lembra?

– Como não! É claro que me lembro! – respondeu com um sorriso nos lábios.

– Então cante, Inaê, cante para mim! Vamos espantar os pensamentos tristes e aproveitar bem este dia lindo!

Assim, Inaê se pôs a cantar com entusiasmo, com a alma livre de aborrecimentos, como se pretendesse atrair uma vibração de paz e encantamento para envolvê-la, assim como o fiel amigo, que tão bem a compreendia.

Naquele mesmo dia, na marina, a bordo de seu veleiro recém-adquirido, Reinaldo ouvia a animada frase dos lábios de seu amigo Glauco:

– E, então, marujo! Está tudo pronto? Vamos zarpar!

A resposta foi uma estridente gargalhada.

Era a realização de um sonho antigo do jovem empresário, resultado de seus esforços ao lado do pai, Edgar Yunes. Havia muito tempo almejava ter seu próprio veleiro, no qual pudesse singrar os mares e desfrutar de toda a sensação de bem-estar que isso proporciona. A viagem inicial seria curta. Muito ainda ele haveria de aprender na embarcação e por conta disso seguia com companheiros mais experientes.

O jovem estava feliz como um menino. Sabia que a bordo do veleiro ainda viveria emoções inesquecíveis, todas que seu coração aventureiro pudesse suportar. Aos vinte e um anos, tinha mentalidade avançada e era empreendedor, não se curvava diante dos desafios. Seu temperamento arrojado despertava nos pais as melhores esperanças num futuro promissor. Mas, naquele momento, usufruindo a paisagem do mar aberto e do vento a soprar com força, Reinaldo queria esquecer todas as preocupações e compromissos dos dias agitados, todas as horas que passara trancafiado na empresa ou fazendo viagens de negócios. Queria desfrutar o mar, o sol e a natureza. Naquele instante, era um marujo, apenas um marujo devassando o oceano!

Paolo, tão logo retornou das férias, foi surpreendido por um intrigante acontecimento. Ele trabalhava num escritório de contabilidade, em Guaratuba. Seu chefe, em meio a uma conversa com um parente, advogado na capital, chamou-o e perguntou:

– Paolo, como era mesmo o nome de seu pai?

Ele respondeu prontamente:

– Roberto Yunes. Por quê? – indagou com estranheza.

– Seria ele parente do empresário Edgar Yunes? – inquiriu o visitante.

Sem deixar Paolo responder, o chefe acrescentou à lembrança do outro:

– É verdade. Lembro que Edgar tinha um irmão chamado Roberto, mas ele faleceu há muito tempo.

O advogado completou a informação sem dar importância à falta de delicadeza. E Paolo ouviu quando ele contou os fatos como se tivessem acontecido recentemente.

– É claro! Foi um caso bastante rumoroso. Se bem me lembro, ele se suicidou sem nenhuma explicação aparente... Depois disso, sua esposa, grávida, fugiu. Fiquei sabendo porque tenho um amigo que é próximo do Sr. Yunes. Parece que por muito tempo ele procurou por ela, sem nunca encontrá-la.

Paolo ficou estático, confuso, sem saber o que dizer. Tentando livrar-se da situação que lhe causava embaraço, apenas presumiu:

– Com certeza não se trata de meu pai... Talvez seja apenas coincidência de nome. Com licença, senhores. Alguém ao telefone quer falar comigo – e saiu apressado.

Durante o resto do dia Paolo teve dificuldade em se concentrar no trabalho. Ansiava pela hora de retornar à sua casa e ter uma longa conversa com a mãe. Não era a primeira vez que alguém lhe indagava sobre o parentesco com os Yunes. Ele sempre negava, seguro de que seria impossível pertencer à família tão rica e bem colocada socialmente. Era uma hipótese que lhe parecia tão improvável que ele logo descartava. Mas agora que o empresário estava em evidência, mais comum se tornava a associação que as pessoas faziam.

Ao longo do trajeto para sua casa, o rapaz percebia o quanto sabia pouco sobre o pai. Sua mãe apenas lhe dissera que ele era um homem bom, culto e generoso, mas que contraíra grave enfermidade, morrendo antes do seu nascimento, cuja chegada aguardava com tremenda ternura. Depois disso, Susana decidiu dar outro rumo à vida, aceitando trabalhar com Ethel e o esposo. A figura do pai, salvo algumas fotos que ele aprendeu a reverenciar, permaneceu vaga em sua mente, como se fosse um personagem de história fictícia e não uma pessoa que um dia teve existência real.

Mas as duras palavras que ouvira daquele homem, quando se referiu de modo leviano a fatos graves ocorridos com terceiros, deixaram-no apreensivo. Ouvir que Roberto, irmão de Edgar havia se suicidado e a esposa *fugido*, fazia aflorar muitas dúvidas em sua cabeça. Teria ele alguma ligação com aquelas pessoas? Precisava saber.

Assim que chegou à casa, encontrou a mãe lendo uma revista. Após saudá-la carinhosamente, desferiu, à queima-roupa, a pergunta que insistia em atormentá-lo:

– Mãe, preciso que a senhora me responda com toda clareza ao que vou lhe perguntar. Só a senhora pode me ajudar. Quem foi Roberto Yunes?

Susana largou a revista que estava lendo e, num sobressalto, olhou fixamente o filho e respondeu com outra pergunta.

– O que quer saber sobre ele?

– O que ele fazia, se tinha parentes, como vivia. Mãe, se por alguma razão você me esconde alguma coisa a respeito dele, já é hora de me contar tudo. Preciso saber. Por que a senhora tem me omitido tantos detalhes sobre meu pai?

Susana se lembrou da figura prudente de Ethel a recomendar-lhe que não postergasse mais a revelação da verdade a Paolo. De fato, não havia mais como adiar o conhecimento de sua verdadeira origem. Estranhando o fato do repentino interesse do filho, quis saber o que havia acontecido para que ele estivesse tão aflito. Ele descreveu o que sucedera no local de trabalho e ela ficou apreensiva. Só então começou a contar como tudo começou, desde o dia em que conhecera Roberto até o triste desfecho do casamento.

Todavia, não tinha coragem de falar sobre seu envolvimento com Edgar, nem de mencionar sua fuga. Tentava contornar a situação por meio de meias verdades. Temia a reação de Paolo, caso viesse a saber de tudo. Mas foi inútil. O rapaz a fez entender que já sabia muito mais do que ela imaginava e perguntou de chofre:

– Mãe, por que fugiu? Por que nos escondemos durante todo esse tempo? Qual foi o fato tão grave que provocou atitude tão drástica? O que você teme, afinal?

– Filho, por favor! Amanhã conversaremos melhor. Não é hora para um assunto tão delicado.

– Não, mãe. Não vou esperar mais. Diga-me agora! Conte-me tudo!

– Mesmo que seja algo grave e você venha a ficar contra mim ao saber que escondi certas verdades por julgar ser melhor para você?

O olhar de Paolo dizia mais do que as palavras. Ele ansiava por saber de tudo. Após um instante de silêncio, Susana revelou:

– Eu fugi porque foi o que eu achei mais conveniente na ocasião.

– Por que, mãe? O que aconteceu?

– Seu pai verdadeiro não era Roberto Yunes, Paolo. Seu pai ainda vive e mora em Curitiba. Você é filho de Edgar.

As lágrimas brotaram abundantes dos olhos de Paolo. Ele não disse mais nada, não conseguia concatenar as ideias. Era muita emoção para um único dia. Saiu de casa intempestivamente, sem dizer nada. A mãe não conseguiu contê-lo. Por horas ficou fora. Algum tempo depois, Ethel telefonou avisando que o rapaz estava em sua casa e dormiria lá naquela noite. Susana ficou mais tranquila. Contudo, não conseguiu conciliar o sono.

No dia seguinte, logo cedo, ela se preparava para ir ao encontro do filho quando viu a chegada de sua grande amiga.

A senhora, já sexagenária, conservava a disposição e o ânimo, mesmo nas situações mais delicadas. Aproximou-se, naquela manhã ensolarada de sábado, a fim de levar alento a um combalido coração materno. Paolo estava bem. Saíra cedinho para um longo passeio na praia, lugar onde sempre se sentira à vontade. Era justo conceder-lhe um pouco mais de tempo para pensar.

Susana mais uma vez dava razão à amiga. Arrependera--se de não ter seguido seus conselhos e revelado a verdade mais cedo ao rapaz que, certamente, agora, deveria estar sofrendo ainda mais pela maneira abrupta com que tomara conhecimento dos fatos sucedidos havia tantos anos. Enquanto Susana se lamentava, Ethel passeava pela sala. Seu olhar percuciente vagava pelos objetos pessoais de Paolo:

– Ah, Ethel... minha vida tem sido uma sucessão de erros. Tenho sido fraca justamente nos momentos em que deveria ser mais forte. É certo que Paolo vai embora. Vai querer ficar longe da pessoa que não teve coragem em ser verdadeira com ele. E eu vou ter de me contentar com sua ausência. Ele deve estar sofrendo muito!

Ethel, mais tranquila, asseverou:

– Ele sabe que você sempre fez o melhor por ele e lhe ofereceu tudo o que podia, Susana.

– Sim... só não lhe ofereci a verdade de que ele tanto necessitava e eu nunca quis enxergar – rematou com ar triste.

Ethel, em silêncio, folheava agora um livro sobre a vida e a obra de Poverello de Assis que, com toda certeza, deveria estar sendo lido por Paolo, que era afeito à leitura de hagiografias. Concluiu:

– Existe, sem dúvida, uma semelhança entre a história de nosso querido moço e a vivida por São Francisco. Ambos os rapazes são de famílias ricas e passaram a morar entre os humildes. Contudo, ao santo foi dada a chance de optar por isso, ao passo que ao seu filho foi negada a chance de escolher por si próprio.

– Você quer dizer que seria melhor se Paolo conhecesse a família em Curitiba e tivesse noção da fortuna a que faz jus? Acha que isso é importante para ele?

– Susana, até aqui, na qualidade de responsável por seu filho, você tem tomado as decisões, acertadas ou não, a respeito de tudo o que se refere a ele. Daqui em diante, deixe-o decidir por si mesmo!

A mãe estava espantada diante da sugestão. Estava tão aturdida que não supunha essa como solução provável. Era preciso, sem dúvida, ir até o fim na revelação da origem do filho. E Ethel continuou, com a mesma segurança, recomendando:

– Vá com ele para Curitiba. Procure por Edgar. Se possível, ofereçam a ele a oportunidade de conhecer o irmão, a casa, a família, enfim. Só então ele saberá que rumo tomar, Susana. Imagine você a aflição de Edgar ao ignorar o destino de alguém que sabe ser seu filho. Por certo, deve ainda aguardar o momento do encontro, frustrado até hoje. Procure-o, Susana! Converse com ele para decidirem juntos como ajudar Paolo, que nunca teve nenhuma culpa na série de enganos com que vocês se envolveram e não deve ser prejudicado por isso.

Ela pensava na sugestão de Ethel. Por sua vontade, jamais retornaria àquela casa, cenário de tão funestos acontecimentos. Mas, na visão da amiga, e para o bem do adorado rapaz, era necessário que assim fosse. Seguiria para lá se isso representasse a vontade do filho, mesmo receosa quanto ao que viesse a encontrar.

Os dias que se seguiram também trouxeram transformações na vida do meio-irmão que Paolo desconhecia.

Ao chegar em casa, encontrara a mãe, Stefânia, esbravejando pelos ares, da maneira que costumava fazer quando estava contrariada e irritada. Gritava pela sala, falando consigo mesma:

– Guaratuba! O que ele foi fazer em Guaratuba? Só pode ter ido atrás da mulher maldita e do filho perdido! Ah, Edgar! Está ao meu lado, mas permanece fiel àquela intrusa que continua no seu pensamento!

Stefânia estava tão fora de si, tão envolvida pela forte emoção que nem percebeu a chegada do filho, que agora a olhava intrigado. Reinaldo questionou:

– Mãe, o que houve? Soube que papai viajou às pressas! O que está acontecendo, afinal? Há algo que eu ainda não sei.

A mãe respondeu enfurecida:

– Sim, Reinaldo. Há coisas que ainda não sabe e continuará sem saber, porque eu hoje não estou em condições de lhe contar nada!

Ela já se retirava, subiu rapidamente as escadas, rumo ao quarto. Mas Reinaldo não se deu por satisfeito e insistiu:

– Ele soube alguma notícia da esposa desaparecida do tio Roberto? Foi atrás dela e isso a irritou, não é, mãe?

Ela andava apressada na tentativa de lhe escapar das indagações indesejáveis. Mas era inútil. Em certo momento, o rapaz desferiu outra pergunta:

– Mãe, por que detesta tanto essa mulher? Era a ela que papai amava e não a você? É isso?

Stefânia, descontrolada, pôs fim ao incômodo que a situação lhe impunha. E, sem medir as palavras, revelou:

– É isso, mesmo! Amava tanto aquela ordinária que teve um filho com ela e nunca os esqueceu!

– O quê? Quer dizer que...

– Você tem outro irmão, Reinaldo. Não sei onde está, mas ele existe.

A esposa de Edgar calou-se ao notar a expressão de surpresa e desapontamento no rosto do filho. Talvez não tivesse encontrado a forma mais adequada de lhe contar a verdade, mas estava tão exasperada com a atitude do esposo que não conseguiu conter a raiva que tudo aquilo lhe despertava. Mais uma vez Susana aparecia para lhe roubar a paz no lar e o afeto do marido. "Até quando isso perduraria?", perguntava para si mesma.

Reinaldo estava imóvel, tinha o olhar perturbado. Saiu sem nada dizer. Stefânia entrou no quarto buscando os calmantes que costumava usar em momentos delicados como aquele, enquanto o filho saía sem rumo pelas ruas da cidade, profundamente contrariado com tudo o que ouvira.

Retornou somente no dia seguinte, visivelmente mal-humorado. Tomara uma decisão que estava disposto a manter. Continuaria a ignorar a existência de seu irmão consanguíneo. Não aceitaria dividir seu patrimônio com um desconhecido que nunca fizera nada para merecer a fortuna a qual legalmente tinha direito.

Com essa deliberação, não fez mais perguntas à mãe. Não queria saber mais nada a respeito do envolvimento extraconjugal do pai, que chegara a Guaratuba no dia anterior, seguindo a indicação recebida de um amigo que lhe comunicara haver descoberto o possível paradeiro de Susana e do filho desaparecido, por meio de informações colhidas no local onde Paolo trabalhava. Impetuoso, Edgar nem esperou por mais averiguações e seguiu para lá.

A primeira tentativa, tão logo chegou, foi frustrada. Não encontrou ninguém no endereço indicado, mas obteve informação segura de que ali morava a pesquisadora Susana Morelli Yunes e seu filho. Animado, Edgar retornaria no dia seguinte.

Eram cerca de dez horas da manhã quando uma discreta senhora, acompanhada de um moço de olhar expectante, chegaram diante dos portões da residência da família Yunes em Curitiba.

Paolo olhava a tudo impressionado pela vastidão, bom gosto e requinte do lugar. Os amplos e bem cuidados jardins davam a impressão de que ali deveriam viver pessoas prósperas e felizes.

Ao rever o local que amargas lembranças lhe trazia, Susana olhou para o filho e disse:

– Foi exatamente aqui que sua existência teve início, Paolo. Vamos ver agora se conseguimos localizar Edgar – e dirigiu-se ao segurança que cuidava da entrada do casarão.

À medida que aguardava, crescia a ansiedade do visitante, que experimentava agora a desconfortável sensação a oprimir-lhe o peito. Não estava seguro se queria mesmo ir mais além, atravessando aqueles portões. Tudo acontecera tão rapidamente, sua mente estava ainda tão confusa, que ele, por um instante, pensou em recuar. Ao mesmo tempo, contudo, sentia vontade de estar com o pai. Mas também se perguntava se não seria melhor deixar tudo como estava. Aquele não lhe parecia ser um terreno firme para pisar. E crescia nele a sensação de insegurança até que Susana veio com a resposta: Edgar não estava. Havia viajado e não lhe informaram a data do retorno. Somente Stefânia estava em casa.

Concordaram ambos em desistir da visita quando, inesperadamente, uma voz conhecida se fez ouvir:

– Dona Susana! Que bom vê-la aqui! – exclamou Bonifácio, antigo serviçal da casa, que ao reconhecê-la, de imediato, lhe abriu os portões, na tentativa de impedir sua partida.

Susana voltou e o cumprimentou gentilmente. Ele, sorridente, comentou:

– O sr. Edgar vai ficar muito feliz em vê-los. Há anos aguardava por isso. – E, olhando para o rapaz disse: – Este, por certo, deve ser seu filho.

– Sim, Bonifácio. Este é meu querido Paolo.

– Muito prazer, meu rapaz. Ah! Como ele é parecido com o sr. Edgar quando mais jovem, dona Susana! – comparou com espontaneidade.

– É verdade – respondeu ela distraída.

Enquanto Bonifácio manifestava todo seu entusiasmo em vê-la, ela não pôde deixar de observar um menino que brincava próximo à entrada, distraído à sombra de uma árvore. Inexplicavelmente atraída pela criança, perguntou curiosa:

– E aquele menino, Bonifácio, quem é?

– Ah, é o Ithan, filho de dona Stefânia e do sr. Edgar. Entre, dona Susana! Vou avisar de sua chegada.

Atraído naturalmente pela chegada da visitante, Ithan saiu correndo ao seu encontro e, abraçando-se ao gentil senhor que os recebia, perguntou:

– Quem é ela, Bonifácio?

– É sua tia, Ithan. Cumprimente-a.

O menino, espontaneamente, beijou as faces de Susana e a comoveu com o gesto. Tanto ela como Paolo logo notaram a evidente limitação do menino que, todavia, parecia se sentir à vontade entre pessoas que não conhecia.

O jovem, bondoso como sempre, abraçou emocionado aquele que sabia ser seu irmão.

Contudo, Susana ainda hesitava em entrar, apesar da insistência do empregado.

Enquanto isso, ao longe se ouviu a voz de Stefânia chamando insistentemente Ithan.

Instantaneamente, Susana recuou e, tomando o braço de Paolo, convidou-o para regressarem. Ele aceitou de pronto a ideia. Não estava se sentindo bem naquele lugar.

Stefânia, ao identificar a presença de duas pessoas junto ao filho, perguntou:

– Bonifácio, quem está aí? – e se deteve no meio do caminho.

Por um instante, o senhor ficou sem saber o que dizer. Sabia que as duas nunca se entenderam muito bem e por certo a visitante não desejava encontrar-se com a dona da casa. Por essa razão, aceitou a sugestão que Susana lhe deu, antes de sair apressada:

– Não fale nada a ela... nem mesmo a Edgar. Diga que foi apenas alguém perguntando sobre um endereço qualquer. Por favor, Bonifácio – reiterou –, não diga nada! Adeus!

E lá se foram eles, a passos rápidos, sem serem identificados por Stefânia, que chegava, afoita e cobrando explicações:

– O que está acontecendo, Bonifácio? Quem eram aquelas pessoas?

– Nada sério, senhora. Estavam perdidos e pediam informações, apenas isso.

A dona da casa, contrafeita, admoestou o serviçal:

– E deixa Ithan se aproximar de desconhecidos! Não vê o perigo a que o expôs? Nunca foi tão descuidado, Bonifácio! – e saiu levando o filho pela mão.

Ainda no bairro, Susana e Paolo foram visitar uma Igreja, local escolhido pelo rapaz para retemperarem as forças. Ali ficaram em silêncio por alguns instantes. Oraram e pediram a Deus que lhes clareasse o caminho cheio de sombras a ser trilhado.

Envolvido pelas boas vibrações, Paolo experimentava um estado emocional mais sereno. Aquele ambiente impregnado de religiosidade sempre lhe sensibilizara o coração. Sentia-se familiarizado ao ver a fisionomia calma, bondosa e confiante dos santos que se faziam representar nas igrejas. E ali não era diferente. Sentia-se acolhido, protegido e acalentado por intensa paz.

Recordava agora a figura de frei Simão, que conhecera havia alguns meses, apresentado por um amigo. Tão boa impressão guardara dele! Tinha vontade de lhe falar outra vez, saber mais sobre a ordem religiosa a qual pertencia: os Capuchinhos. O frei, notando o interesse de Paolo, chegara mesmo a convidá-lo para que o acompanhasse numa visita que em breve faria ao Centro Vocacional de Ponta Grossa.

O rapaz, na ocasião, ficara em dúvida e não dera resposta definitiva. Mas ali, naquela igreja, ao lado da mãe, vinha à sua mente a ideia de aceitar o convite, sem qualquer compromisso. Apenas conheceria mais sobre a organização e o trabalho dos Capuchinhos. Era isso o que sentia naquele instante em que parecia ouvir clamores e vozes no interior do templo católico:

– Venha, Paolo, venha servir a Jesus. Não se detenha!

Não sabia ao certo se era a sua voz interior a bradar ou se de fato estava sendo requisitado por alguém. Em meio às suas conjeturas, viu a aflição e a frustração se manifestarem na maneira como Susana se dirigiu a ele, quebrando prolongado silêncio:

– Aqui estamos nós, filho, fugindo outra vez! Afinal, do que nos escondemos? De nós mesmos?

– Deus sabe, mãe! Ele conhece o que nos vai no fundo d'alma. Sabe que estamos aqui tentando consertar uma situação que talvez não deva ser alterada. Hoje percebi que não devo procurar por meu pai nem por meus irmãos. Basta que ore por minha família, deseje a eles todo o bem, envie-lhes pensamentos fraternos e tudo estará certo.

– Mas, Paolo – objetou Susana –, você tem o direito de reaver os bens que lhe pertencem por lei. Tem mesmo certeza de que deseja renunciar a eles? Pense bem no seu futuro, para não se arrepender mais tarde!

– Estou certo sim, mãe. Quero para minha vida um bem maior, um bem indestrutível que ninguém no mundo será capaz de me privar. Quero viver em paz, a serviço de Jesus!

Susana compreendeu as intenções por trás das palavras do filho e inquiriu, completando o raciocínio dele:

– Você pensa, então, em aceitar o convite daquele frei Capuchinho com quem conversou?

– Sim, mãe. Estou convencido de que será uma boa oportunidade para que eu decida o melhor rumo a tomar em minha vida.

E, assim, os dois seguiram abraçados, planejando a viagem de retorno a Guaratuba.

Ao retornar para casa, Edgar manifestara cansaço e frustração. Não conseguira encontrar Susana nem o filho. Planejava prolongar sua estada em Guaratuba à espera deles, mas teve de regressar, em virtude de contingências profissionais. Para aumentar ainda mais seu mal-estar, foi informado, por Bonifácio, que Susana e Paolo estiveram a sua procura. Lastimável desencontro!

Retornaria à cidade onde os dois se instalaram, mas tinha ainda de cumprir extensa agenda em viagem de negócios a São Paulo. Para agravar a situação, notava o comportamento arredio e acusador do filho Reinaldo em relação a ele. Pouco haviam se falado nos últimos dias, mas já sabia que Stefânia havia lhe contado sobre o irmão, causando-lhe penosa impressão.

Enfim, chegara o fim da atribulada semana e Edgar, na noite de sábado, encontrava-se sozinho em seu gabinete, ouvindo suas músicas preferidas, na tentativa de distrair a mente e se distanciar um pouco dos problemas tão intensos nos últimos dias.

De súbito, irrompe Reinaldo que, ao vê-lo no gabinete, muda de ideia e se encaminha para sair, quando o pai lhe chama novamente:

– Reinaldo, volte aqui! Preciso falar com você!

Visivelmente contrariado, o rapaz volta. Edgar passa então a externar suas preocupações quanto ao que estava acontecendo. Sabia que, ultimamente, o jovem estava sendo visto na companhia das mais variadas mulheres, num comportamento, a seu ver, perigoso. Sabia de seu caráter expansivo e dado a festas, mas era seu papel de pai lembrá-lo da inconveniência dos exageros, não só do ponto de vista da saúde, mas também emocional. Alertava Reinaldo sobre a importância de bem selecionar as amizades e concluía a longa exposição afirmando:

– É preciso que você saiba salvaguardar a si mesmo e ao patrimônio que possui. Não quero que traga nenhuma golpista para dentro desta casa! Tome cuidado, Reinaldo, muito cuidado com quem vai se envolver!

Edgar calou-se e, para sua surpresa, Reinaldo não o interrompera em nenhum momento. Apenas ouvira palavra por palavra. Mas agora era a sua vez de externar sua indignação com a atitude, a seu ver, hipócrita do pai, a chamar sua atenção para a prudência quando sabia, perfeitamente, que ele, Edgar, estava ainda muito distante de praticar atitudes desse tipo. Foi por essa razão que redarguiu em tom irônico e provocativo:

– E o senhor, pai? Será que soube se *salvaguardar* quando cobiçou sua cunhada?

– Não fale assim comigo, Reinaldo – ordenou Edgar, ofendido. – Não se refira levianamente a fatos que você não conhece nem a pessoas que merecem nosso respeito. Saiba você que eu conheci Susana muito antes de ela se tornar a esposa de meu irmão...

– E teve um filho com ela quando ambos já eram casados! Ah, pai! O senhor se preocupa tanto com a possibilidade de eu me envolver com alguma *golpista*, por achar que eu não vou saber *salvaguardar o patrimônio* e me coloca na iminência de ter de dividir tudo com um estranho! Sim, porque se seu *filhinho* aparecer, vai se julgar no direito de pleitear a parte que lhe cabe, sem nunca haver se dedicado em construí-la, assim como eu tenho feito até agora!

Reinaldo deixava aflorar todo seu ressentimento e não economizava palavras amargas:

– Certamente, você vai recebê-lo de braços abertos! Nunca deve ter se sentido feliz apenas comigo e com Ithan! Vai querer que ele viva aqui entre nós, não é?

– Isso só me daria alegria, Reinaldo. Ficaria muito feliz em poder reuni-los...

– Pois eu espero que nunca consiga! Jamais aceitarei um desconhecido entre nós! Espero que ele permaneça a quilômetros de distância desta casa e nunca saia do lugar em que está! Infeliz!

– Não diga isso, Reinaldo! Volte aqui! – gritava Edgar tentando impedir a saída abrupta do rapaz.

Estava horrorizado com a reação do filho que vira crescer! Nunca identificara nele tanta mesquinhez e capacidade de odiar alguém que nunca vira. Tinha esperança de que aquela atitude fosse apenas uma reação inicial e desejou que ele mudasse e aceitasse o irmão com mais tranquilidade.

Contudo, por muito tempo ainda Reinaldo continuaria sustentando que Ithan era seu único irmão, o único que ele aceitava ao seu lado.

Nem isso, contudo, arrefeceria a esperança de Edgar em encontrar Paolo. Tencionava seguir para Guaratuba tão logo encerrasse sua ida a São Paulo. Precisava saber como estavam, como era Paolo, conversar com ele como sempre sonhara. Quem sabe, poderia, pouco a pouco, vencer as resistências e carregá-lo para viver próximo a si. Era isso que Edgar Yunes, após uma carreira empresarial bem-sucedida, mais almejava!

Entardecia em Guaratuba quando, após um banho refazedor, Susana descansava de um dia atribulado na profissão. Estava sozinha em casa. Paolo havia ido viajar com frei Simão para Ponta Grossa com o objetivo de se inteirar mais sobre a ordem religiosa a qual tencionava se filiar. Havia pouco conversara com ele pelo telefone, tranquilizando-se ao saber que tudo transcorria bem.

Ela estava recostada no sofá da sala, após fazer sua refeição, quando a campainha tocou. Sem imaginar quem poderia ser, abriu a porta e deparou com uma grande surpresa: Edgar Yunes.

Sem saber o que dizer, deixou-se tomar pelo mutismo. Edgar, sorridente e gentil, soube quebrar o silêncio embaraçoso.

Ainda atônita, a dona da casa o convidou para entrar e iniciou conversação. Ela ficou sabendo que Edgar chegara naquele dia, mas que já havia estado ali à sua procura, justamente na data em que ela e Paolo saíram para tentar encontrá-lo. Armadilhas do destino, supunha Edgar.

Diante de si, Susana via o mesmo homem bonito e elegante com quem se envolvera no passado. Algumas mechas grisalhas no cabelo assinalavam a passagem do tempo, sem que isso tivesse afetado seu modo cativante de ser. Também ela, Susana, manteve praticamente inalterada a harmonia dos traços e o encantamento peculiar que sempre a caracterizou.

Como não poderia deixar de ser, a conversa passou a girar em torno de Paolo, infelizmente ausente. Edgar lamentou. Não via a hora de conhecê-lo. Contentou-se, porém, em ver suas fotos, admirado pela beleza do rapaz e a sensação de bem-estar e alegria que ele transmitia.

Ao ver a emoção de Edgar, Susana passou a perguntar para si mesma se não havia exagerado e sido cruel ao privá-lo da convivência com o filho. Sempre pensara estar agindo com acerto, mas não teria se excedido ao ignorar os sentimentos do pai e do filho, a quem pretendia proteger?

Em sua imaginação, no dia que se reencontrassem, Edgar ocuparia seu tempo a lhe cobrar atitudes, a lhe indagar o porquê do longo silêncio, a acusá-la de ser egoísta e mesquinha ao esconder o filho e querê-lo apenas para si. No entanto, não era nada disso que acontecia. Ele não dizia uma só palavra no sentido de receber explicações. Não que apoiasse a atitude inesperada dela. Mas talvez ele entendesse agora que, se Susana tivesse lhe fornecido o endereço, ele certamente viria ao seu encontro, da mesma forma que fazia naquele preciso momento, quase vinte anos depois. Assim, ela não teria o sossego necessário para criar Paolo longe das atribulações de um lar marcado por tantas infelicidades e desajustes.

O conhecido empresário passou, então, a falar sobre suas realizações do presente e a vida em família. Orgulhava-se do filho Reinaldo, que se preparava para sucedê-lo na liderança da empresa. Falava com imenso carinho a respeito de Ithan, a quem Susana informou ter conhecido quando o procurou em sua residência.

Em certo momento da conversa, Edgar comentou:

– Por muitos anos, Susana, atormentado pela culpa em relação à morte de meu irmão, pedi a Deus que, de alguma forma, ele pudesse ressurgir diante de meus olhos, voltar à vida. Mesmo em Stefânia notava o arrependimento por sua participação nos eventos que o conduziram ao suicídio.

– Sempre foi esse meu desejo – afirmou Susana –, mas isso é impossível!

– Não, Susana! Deus ouviu minhas preces e Roberto voltou ao nosso convívio.

– Do que você está falando, Edgar? – inquiriu ansiosa.

– Você certamente se lembra do nosso amigo Debroisy, não é? Pois foi ele que me assegurou, ao obter a confirmação das entidades espirituais com quem trabalha, que Ithan é a reencarnação de Roberto.

Susana já estava informada a respeito daquela crença, até mesmo por conviver com a amiga Iareci. Eles, a sua maneira, defendiam a ideia de que a alma humana retorna várias vezes à Terra em diferentes corpos. Mesmo assim, ela ainda não estava suficientemente convencida disso e, por conseguinte, indagou:

– E você acredita nisso, Edgar? Quais são os elementos que você possui para achar que isso é verdade?

– Estou convencido de que é verdade. Ithan sempre foi muito ligado a mim, exatamente como Roberto. Conserva ainda os mesmos gostos da personalidade anterior. Renasceu novamente entre nós para que tanto eu como Stefânia pudéssemos nos ressarcir de tudo o que fizemos contra sua paz e felicidade. Muito temos aprendido com ele, Susana. Mudamos muito nossa forma de pensar e passamos a enxergar que estamos no mundo não apenas para satisfazer nossas sensações e aspirações pessoais, mas sim para viver em solidariedade e respeito às necessidades do outro. Enfim, posso afirmar com segurança que a presença dele em nossa casa serviu para que pudéssemos nos *humanizar* e não ver a vida como simples aventura sem maiores consequências.

Susana estava surpresa pela forma como Edgar falava. Era evidente o quanto havia mudado nos últimos anos. Não se portava mais como o homem arrogante e distante de outros tempos. Parecia mesmo imbuído dos mais nobres sentimentos e da mais larga compreensão da vida. E era esse homem renovado que aguardava o dia de conhecer mais um filho, a quem nunca desistira de encontrar.

Edgar planejava levá-lo para ver seu lar em Curitiba, apresentá-lo aos irmãos e mostrar-lhe a empresa da família. Queria que ele visse tudo para ter mais elementos para formar a própria identidade. Paolo, afinal, sempre fora detentor de um patrimônio mais vasto do que imaginava. Estava vivamente entusiasmado ao traçar planos para o futuro do filho quando Susana o interrompeu. Ao que tudo indicava, o rapaz não tinha a intenção de reivindicar seus direitos à herança. Ele chegou mesmo a abrir mão do desejo de conhecer o pai e os irmãos. Interessava-se agora em preparar-se para ingressar na vida religiosa, o que, cedo ou tarde, acabaria acontecendo.

O visitante, surpreso com a revelação, inquiriu:

– Entrar para uma ordem religiosa!? E você vai permitir, Susana? Por que não tenta impedi-lo?

– E por que deveria? – contrapôs com lucidez. – Por que deveria lutar contra a vocação de meu filho? Paolo sempre foi uma pessoa maravilhosa e se, por alguma razão, concluiu que dessa forma poderá ajudar os outros, por que impedi-lo de fazer algo que vai lhe proporcionar bem-estar?

Edgar, confuso, não teve como contestar o argumento de Susana. Mas lamentava o fato de o filho optar por se isolar de familiares e amigos para se consagrar à vida religiosa. As chances de tê-lo perto de si pareciam ainda mais distantes.

Antes de partir, ele fez Susana se comprometer em cientificá-lo da sua visita. Paolo poderia encontrá-lo quando quisesse. Isso só lhe daria contentamento.

No dia seguinte, Edgar voltava a Curitiba. Logo enfrentaria a fúria da esposa, descontente com a insistência dele em localizar sua tão detestada rival que, contra a sua vontade, jamais desaparecera da memória do marido.

Entardecia em Curitiba quando Stefânia, em seu ateliê de pintura, trabalhava em mais uma de suas criações. Aos 42 anos, ela se dedicava à pintura, que sempre a fascinara desde a infância. Gozava de certo prestígio entre artistas plásticos. Tivera seu trabalho divulgado em exposições e até havia conquistado muitos prêmios por seu talento e criatividade.

Aquele dia, entretanto, não estava sendo dos mais sossegados. Na véspera, ao voltar de um longo passeio com Ithan, soube, pelos empregados, que Edgar havia repentinamente decidido viajar para Guaratuba. Mal ele havia chegado da exaustiva viagem e já se ausentara outra vez.

Julgara acintosa a atitude do marido em somente se comunicar após a chegada à cidade de destino. Trocaram palavras amargas pelo telefone. Stefânia, mulher de temperamento forte, acostumada a conseguir tudo o que desejava, não conseguia aceitar com passividade a ideia de que o companheiro de tantos anos não conseguira desistir de seus propósitos de rever o antigo amor e ter diante de si o fruto daquela ligação ilícita. A seu ver, Susana havia encontrado uma maneira bastante sutil e eficaz de se manter viva na memória de Edgar: ao tentar viver longe de sua influência, prendia-o cada vez mais a ela, em laços indestrutíveis, apesar do tempo e da distância. Ah, como era difícil lutar contra uma lembrança!, pensava Stefânia. Lutar com alguém que não se faz mais presente fisicamente e, não obstante, permanece ali, quase como costuma acontecer às lendas que os povos insistem em reavivar.

Naquele ambiente, à vontade entre tintas, telas, pranchetas e pincéis, ela buscava dar voos à imaginação, na tentativa de esquecer os dissabores. Esquecer que, ao longo de mais de vinte anos mantivera-se ao lado do esposo amado, alimentando a ilusão de que o tempo lhe consolidaria a posição de única e verdadeira mulher a merecer sua atenção e seu amor. E como fora dedicada a ele, aos filhos e a tudo que lhes dissesse respeito! Havia sido, na condição de esposa de empresário em ascensão, o elemento propulsor, a figura confiante e digna a realçar-lhe as qualidades de chefe de um lar feliz. Quanta esperança depositara no filho Reinaldo, disposta também a oferecer-lhe os mesmos incentivos que dera a Edgar.

No entanto, ao ver seu primogênito acabrunhado, revoltado com os últimos acontecimentos, sentia como se tudo, todo seu esforço ao longo dos anos, em prol da união familiar, houvesse sido em vão. Bastou um único sinal da presença de Susana em algum lugar... e lá se foi o marido, indiferente à reação de Reinaldo a qualquer aproximação, ignorando todas as recomendações dela, esposa incansável a apoiá-lo nos instantes mais difíceis. Sentia como se todos, ela e os filhos, tivessem desaparecido do mundo do empresário para ceder lugar à indesejável Susana e ao filho, Paolo.

Imersa em pensamentos dessa ordem, Stefânia tornava-se ainda mais amargurada e triste. Olhava para Ithan, muito quieto num cantinho do ateliê, também ele a ocupar-se com tintas e pincéis. Havia alguns minutos sentara-se ali, afirmando que faria um desenho para esperar o pai que, sabia, chegaria ainda naquela tarde.

A mãe concordava que aquela era uma boa maneira de Ithan expressar seus sentimentos e emoções. Ele era um menino alegre, sensível e, ao longo do tempo, sempre com o acompanhamento de terapeutas especializados, havia conseguido algum progresso em suas limitações. Mas seus pais estavam conscientes de que ele nunca seria uma criança normal. Sempre que via as manifestações de carinho dele em relação à figura paterna, lembrava-se daquele dia em que o dr. Augusto Debroisy, padrinho do menino, explicara a ambos estar informado de que se tratava realmente da reencarnação de Roberto. Não era uma suposição e sim uma constatação, afirmara o médico espírita, com a sobriedade característica de sua forma de agir.

Na ocasião, tal descoberta trouxe grande alento ao coração desolado de Edgar, que não conseguira conviver com a ideia de ser o causador de tanto infortúnio ao estimado irmão, mesmo passados tantos anos. No entanto, Stefânia ainda não estava segura da veracidade da informação.

Fosse como fosse, o menino estava ali, entre eles, a requisitar-lhes, em caráter permanente, elevadas doses de carinho, paciência e amor. Contudo, em momentos de profunda insatisfação, exatamente como aquele que estava sendo vivenciado, a esposa enciumada e desconfiada das intenções de Edgar, chegava a cogitar medidas drásticas para despertá-lo da ilusão que pudesse alimentar quanto ao retorno de Susana àquela casa. Se isso acontecesse, calculava em segredo, ela não hesitaria em desaparecer com Ithan para um lugar bem distante. Seria, então, a sua vez de se afastar do ingrato companheiro.

Enquanto cedia espaço em sua mente a essas sinistras intenções, notou que a fisionomia do pequeno pintor se iluminava com um belo sorriso. Ele ouvira o barulho do carro, o latido de *Sheik*, o cão pastor da família, e todos esses sinais só poderiam avisá-lo da chegada de seu tão amado paizinho. Ithan largou tudo o que estava fazendo e saiu correndo para recebê-lo.

Stefânia, porém, não interrompeu a finalização de seu trabalho. Estava aborrecida e contrariada demais para esperar o marido na porta de casa. Ele, no entanto, foi cumprimentá-la no ateliê, ainda enlaçado ao pequeno. Ela, com o azedume conhecido em situações como aquela, indagou sem sequer olhá-lo:

– Encontrou a pessoa que procurava, Edgar?

– Sim, encontrei Susana! – respondeu prestativo. – Mais tarde conversaremos sobre isso! – e fechou a porta, dirigindo-se ao andar superior onde ficava seu quarto.

A esposa, entretanto, soube entender a frase lacônica. Mais tarde, significava depois do banho e do jantar, quando, no gabinete, ele iria chamá-la, com calma para lhe contar tudo o que havia sucedido. Todavia, Stefânia estava furiosa demais para aguardar tanto. Não poderia esperar mais para extravasar toda a raiva e inconformidade que sentia. Falaria não só em nome dela, mas também do filho Reinaldo que, por conta de sua revolta, já não era mais o mesmo companheiro do pai. Ele se sentia inseguro quanto às decisões que o pai tomaria dentro em breve, movido pelo sentimento de arrependimento, que o levaria a querer se ressarcir de débitos contraídos com outras pessoas, que nada representavam para ele, um jovem de 21 anos, leal ao pai, da mesma forma que a mãe o era.

E foi movida pelo sentimento de discórdia que Stefânia subiu para o quarto, enquanto o marido ainda terminava de se vestir. Foi logo lhe dirigindo palavras duras, defendendo a intenção de Reinaldo em não aceitar o irmão a quem teria para sempre como um intruso, exatamente como ela sempre havia classificado Susana. Para concluir a carga de acusações e ameaças de ir embora caso Edgar insistisse na reaproximação, Stefânia declarou:

– Eu entendo perfeitamente o sentimento de repulsa que Reinaldo manifesta. Assim como eu ele sempre se dedicou a você, sempre fizemos de tudo para corresponder à sua confiança e colaboramos em todos os momentos para que você fosse o homem bem-sucedido que é. De quantos aborrecimentos o poupamos! Quantos problemas resolvemos antes mesmo que você tomasse conhecimento, Edgar! Para nós, você sempre esteve em primeiro lugar, esquecíamos até de nós mesmos, por amá-lo intensamente. Mas para quê? Para vermos que facilmente você coloca uma mulher que fugiu sem demonstrar consideração e um filho que desconhece em primazia com relação a nós!

– Não é verdade, Stefânia – esbravejou Edgar. – Você está sendo injusta! Eu sempre amei você e os dois meninos! Reinaldo é inteligente, age assim por causa do impacto inicial. Logo verá que é inútil sustentar tal posição. Paolo é tão meu filho quanto ele! Ignorá-lo ou destratá-lo não mudará isso!

– Nunca! Ele nunca aceitará alguém que venha a se sentir no direito de reivindicar um patrimônio o qual só ele se dedicou – bradou ela em voz alterada.

A frase, pronunciada com tanta indignação, desgostou Edgar. Empregando à voz um tom que traduzia um misto de desencanto e mágoa, ele afirmou:

– Se é com o patrimônio que vocês estão preocupados e não com a importância do meu afeto, fiquem tranquilos. Paolo abriu mão de seus direitos. Não reivindicará nada porque talvez siga a vida religiosa. É um rapaz bom e generoso. Abriu mão até de conhecer a família, talvez por adivinhar o peso da rejeição que vocês estão a lançar sobre ele. E mais, Stefânia, Susana nem pensa em retornar a Curitiba. Está muito bem onde vive, feliz com a profissão que exerce e...

– ...E sozinha, esperando que eu morra para se juntar a você – disparou ela sem se controlar!

– Não! Nem eu nem ela vivemos presos ao passado da forma como você insiste em viver, Stefânia! Você é que nunca conseguiu me perdoar e agora veste a máscara de vítima!

– É mentira! Você sempre amará essa mulher! Da forma como fala, parece até gostar mais do filho que não conhece do que de Reinaldo, que foi criado por nós – alegou entre lágrimas.

A discussão se prolongava e desgastava a ambos. Edgar, bastante irritado com a reação da esposa, julgou mais acertado sair de casa e jantar fora, mesmo estando saudoso do aconchego doméstico. Infelizmente, não seria daquela vez que usufruiria a paz no recinto do lar, subitamente transformado em campo de batalha, no qual afloravam, em abundância, os ressentimentos mais recônditos e voltavam a sangrar as feridas que todos pensavam estar cicatrizadas.

Nos dias que se seguiram as discussões e animosidades prosseguiram e Edgar julgou prudente afastar Ithan daquele ambiente conturbado. Fazia mal à sensibilidade do garoto assistir a tantas discussões. Ficava agitado, não conseguia dormir bem à noite. Não suportava brigas!

Foi então que o levou consigo para visitar os padrinhos, o casal Debroisy, em Londrina. Foi um fim de semana agradável, onde Edgar mais uma vez pôde abrir o coração atormentado com o amigo que tanta confiança lhe inspirava.

Todavia, ao regressar, soube que novo desencontro havia acontecido. Durante sua ausência, Paolo o havia procurado, a fim de marcarem uma data para se conhecerem. Logo viajaria para se preparar para ingressar na ordem religiosa a qual se vincularia.

Infelizmente, mais uma vez Edgar perdera a oportunidade tão esperada. Tão cedo não haveria outra, de acordo com Susana. Assim, nos próximos anos, ele seguiria dando curso aos compromissos na Fábrica de Móveis Yunes ao lado dos familiares.

Encontro inusitado

Transcorreram três anos e findava o ano de 1996, um ano marcado por realizações na vida de Paolo e de todos que, em conjunto, trabalhavam com ele.

O rapaz já havia vivido três anos entre a comunidade dos Capuchinhos. Todos notavam o esmero do jovem nas atividades a ele designadas. Era estudioso e aplicado, caracterizando-se por desenvolver em si o que se costuma chamar virtude ativa. Sua figura carismática conquistava vários amigos, sua humildade e desejo constante em servir ressaltavam sua verdadeira vocação e tudo fazia crer que ele, que ainda se tornaria frei, havia encontrado o lugar certo para viver.

Aquele ano, em especial, deixara nele as marcas de alguns momentos tristes, mas também de realizações muito bem-sucedidas. Assinalara tanto a passagem de sua querida madrinha Iareci para o plano espiritual como o início de suas atividades com os seres imateriais que sempre o haviam acompanhado, mas que, agora, viam, no desenrolar de suas atividades psíquicas, um meio de operar com vistas ao bem comum e ao aprimoramento de todos aqueles que viessem a se associar a Paolo no desenvolvimento de sua tarefa de missionário do Bem e da Paz entre os homens.

Antes de partir, Iareci, mesmo fragilizada e já bastante adoentada, fez questão de dar as bênçãos ao afilhado, da maneira pela qual afirmava haver sido encarregada pelas forças superiores. Na ocasião, mais uma vez a velha índia havia feito duas predições: a primeira já estava se concretizando; a segunda, ainda não.

Ao lembrar a cena do último encontro com a madrinha, ele podia vê-la recostada ao catre, com o olhar muito fundo, mas vívido, as mãos calejadas segurando fortemente as suas e a expressão de quem tinha muito a dizer. Com a segurança habitual, Iareci, naquele dia, afirmou:

– Paolo, querido afilhado! Até aqui você tem recebido as bênçãos... agora é chegada a hora de espalhá-las. Eu e os espíritos superiores fizemos tudo o que nos foi pedido para ajudá-lo. Agora lhe entrego aos cuidados de outros amigos, amigos que cresceram muito em instrução, bondade e amor.

Você ficará sob o cuidado deles. Por essa razão, parto tranquila. Você ficará bem.

– Gostaria, madrinha, que Deus lhe restituísse a saúde para que a senhora pudesse me ver em ação, ao lado desses amigos.

– Ah, filho! Mas eu não preciso estar aqui para ver isso. É preciso que eu deixe este mundo para viver em outro. Mas sempre que puder estarei com você e minha Inaê...

Um acesso de tosse a impediu de concluir a frase. Ao se refazer do mal-estar, Iareci declarou, em tom misterioso:

– Meu querido, falo ao seu coração e lhe peço: cuide de Inaê o quanto puder. Ela é sua irmã de alma. Precisará de seus conselhos quando estiver perdida. E você indicará a ela o caminho a seguir para que tudo se cumpra.

– A senhora sabe, madrinha, que tudo farei para que ela seja feliz!

– Mas não se lamente se não acontecer de acordo com o que deseja, Paolo. Que isso não lhe seja motivo de sofrimento.

– Do que a senhora está falando, madrinha? Nem sempre conseguirei ajudá-la, é isso?

Novo acesso de tosse. Paolo lhe deu um chá de ervas e ela sorveu devagar, experimentando suave melhora. Ele lhe sugeriu que descansasse um pouco, porém ela insistiu em continuar. Tomando novamente as mãos do afilhado, como se soubesse que não mais tornaria a vê-lo, pontificou:

– Inaê vai conhecer um homem que será o começo e o fim para ela! O começo de uma vida e o fim de outra! Você vai estar ao lado dela quando isso acontecer e saberá do que eu falo! Assim, ela saberá que rumo tomar, meu querido.

Você é um abençoado e muito ainda ajudará os que precisarem, assim como a minha Inaê, eu sei disso. Agora vai, filho! Preciso ficar sozinha! Estou bem!

Paolo gostaria de ter recebido mais esclarecimentos. Levou consigo uma ponta de preocupação quanto às predições da madrinha com relação à Inaê. Mas era necessário obedecer o que lhe foi pedido.

Esse foi o último encontro com aquela pessoa amiga, que o havia trazido ao mundo com suas mãos experientes e a quem ele amava tanto. Um mês depois, Paolo foi avisado de que ela havia regressado ao país da luz, como ela costumava definir o plano espiritual.

Naquele ano, tal como a amável senhora havia antecipado, Paolo intensificou o contato com venerandas entidades espirituais, entre elas o seu amorável mentor, que se lhe identificara em trajes de padre jesuíta e se apresentara como o irmão Martius, seu amigo de muitas lutas terrenas. No início, o jovem estranhou as manifestações, mas logo se sentiu acolhido e confiante ao lado dos seres imateriais que passaram a se utilizar de suas faculdades mediúnicas de modo a beneficiar várias pessoas. Seu trabalho era anônimo e discreto, mas nem por isso, menos eficaz.

E as mãos de Paolo, sob o influxo da sincera vontade do jovem sacerdote em se fazer útil aos semelhantes, conjugada à ação benfazeja das entidades espirituais, passaram a espalhar bênçãos e levar alívio aos enfermos com a aplicação de passes; sua mente, sempre receptiva às nobres inspirações dos espíritos superiores, veiculava mensagens de amor e otimismo mesmo às criaturas mais atormentadas e infelizes.

Seu trabalho não passava despercebido por parte de seus colegas de fé, que acreditavam que Deus havia concedido dons especiais a ele para que fosse exemplo vivo do amor do Criador para com todos. Logo passaram a circular comentários sobre fenômenos ocorridos com ele. Diziam algumas pessoas que ele tinha a capacidade de estar em dois lugares ao mesmo tempo. Diziam tê-lo visto próximo quando, na realidade, naquele horário, ele estava a quilômetros de distância.

Eram fenômenos aparentemente sem explicação, que faziam crescer a admiração e o carinho em torno do frade capuchinho.

Tinha ele, de fato, a capacidade de desdobramento e, em momentos de elevada necessidade, ao comando de mentores especializados neste gênero de serviço, era capaz de se tornar tangível em lugares diferentes. Com ele acontecia, então, o que Kardec denominou de bicorporeidade, fato relatado em *O Livro dos Médiuns*[1] e *Obras Póstumas*[2] e confirmado por várias outras experiências posteriores.

Era dessa forma, usando com proveito suas faculdades mediúnicas que Paolo viria a colaborar para que a trama que encerrava toda sua existência, desde o começo, fosse desvendada de forma a proporcionar paz, alegria e esperança a

---

1 KARDEC, Allan. *O Livro dos Médiuns.* Bicorporeidade e Transfiguração. Capítulo 7 (Nota da Edição).
2 KARDEC, Allan. *Obras Póstumas.* Primeira parte, item 5 (Nota da Médium).

todo coração cheio de pesar e angústia em decorrência dos acontecimentos passados.

Naquele fim da tarde, Paolo retemperava as forças, caminhando à beira-mar, como sempre lhe agradou fazer. Lembrava-se da Ilha do Mel e dos recantos aprazíveis por onde circulara na infância, muitas vezes, correndo de mãos dadas com sua querida amiga Inaê. Sabia que ela havia se mudado para a Ilha e não mais vivia na aldeia próxima ao vilarejo de pescadores, onde se criara. Trabalhava numa das pousadas daquele cenário encantador, e morava com uma tia, irmã de seu pai e duas primas. Havia sido informado de que finalmente Jocelito decidira assumir perante todos o seu amor pela bela indiazinha, vencendo as críticas e os preconceitos que pudessem advir de sua atitude. Ela parecia corresponder-lhe ao afeto. Assim, o moço pensava em, futuramente, mudar-se em definitivo para a Ilha do Mel para ali viver com sua amada.

Paolo se deteve um instante em sua caminhada. Dirigia suas reflexões ao Criador, na intenção de todos que o cercavam. Naquele instante de silêncio íntimo, que ele rogava pelos infortunados da Terra, de súbito, uma imagem nítida veio à sua mente.

O religioso assistiu a cena como se estivesse assistindo a um filme. De relance, pôde ver um sino dobrando, pessoas tristes chorando no interior de uma igreja, e um homem se destacando entre eles. Cobria o rosto com as mãos e parecia desesperado. Ele atraía poderosamente o interesse de Paolo. Quando ergueu a cabeça, pôde ser identificado. Tratava-se de Edgar Yunes, seu pai.

A imagem desvaneceu-se, mas deixou profunda impressão. Nem sempre ele tinha exata ideia do que pudessem significar as imagens que por vezes se projetavam em sua mente, obedecendo ao influxo de poderoso agente externo. Tentou contatar seu amigo Martius para saber do que se tratava. Mas não lhe foi permitido. Naquele instante, mais uma vez a presença de Paolo era solicitada por outro frei que o acompanhava. Seguiram juntos. Só mais tarde, o jovem religioso pôde saber do que se tratava a visão. Susana, pelo telefone, comunicou-lhe o falecimento de seu irmão Ithan, que havia sido velado naquela tarde.

Sua mãe não lhe deu muitas informações. Pelo que lhe havia sido transmitido, o adolescente havia se afogado enquanto brincava no mar com alguns amigos. O irmão dele, Reinaldo, se fazia presente, mas nada pôde fazer para salvá-lo.

Paolo lamentou a triste ocorrência. Havia visto Ithan uma única vez, apenas por breves instantes, mas sempre o incluíra em suas preces, dirigindo-lhe as mais sinceras vibrações de amor. Por certo, a família estava arrasada: Reinaldo, por se sentir culpado; Edgar, por mais uma vez perder um ente querido e tão amado; e Stefânia, pela falta que sentiria do grande companheiro.

Desde aquele dia em que soube da notícia, Paolo se perguntava como poderia ajudar num momento tão delicado. Seus parentes nem o conheciam e sempre preferiram ignorá-lo. Suas atividades eram muitas, mesmo assim ele telefonou para o pai. Edgar, emocionado pelo alento de ouvir sua voz sem nunca tê-lo visto de perto, chorou emocionado.

Quis muito ir ao seu encontro para abraçá-lo. Contudo, isso estava sendo impossível, tanto para um como para o outro. Conversaram longamente e Edgar sentiu-se confortado por ver que o filho distante se importava com ele e trabalhava pela sua paz.

No entanto, Paolo sentia que sua ajuda havia sido insuficiente. Estimaria também poder estendê-la ao irmão, Reinaldo, que, por certo, devia estar inconformado, triste e inconsolável.

Vendo o desalento do religioso que tanto colaborava com eles, os espíritos amigos consideraram possível promover o encontro entre os dois parentes distantes. Se Paolo queria se aproximar e levar-lhe a palavra consoladora, haveriam todos de vencer as barreiras da distância física.

E assim, numa noite, dez dias depois do falecimento de Ithan, o bondoso rapaz se recolhia mais cedo, sabendo que alguma tarefa de importância contaria com sua participação.

Desprendido do corpo físico[3] viu ao seu lado a figura serena e acolhedora de Martius. Seguiram juntos por várias paisagens terrenas. Foi com grande júbilo que Paolo viu os jardins da casa do pai. Exigindo rigorosos cuidados tanto da equipe de técnicos do espaço que o acompanhavam, como também seriedade e concentração de sua parte, o rapaz pôde se fazer tangível aos olhos de Reinaldo. Aproximou-se dele devagar e viu a tristeza e o desalento estampados em seu rosto. O dono da casa, surpreso com a visita inesperada, indagou:

---

3   Na revista *Espírita* de janeiro de 1860, encontramos o artigo "O espírito de um lado e o corpo do outro. Um relato interessante de uma pessoa viva que conta suas experiências durante o sono, distante de seu corpo físico". (N.M.)

– Quem é você? O que faz aqui? Quem o deixou entrar?

– Não se preocupe, Reinaldo. Não importa como cheguei aqui e sim por que estou aqui. Vim para lhe dizer que não precisa se culpar tanto pelo que ocorreu com Ithan. Afinal, você fez tudo o que podia para evitar o acidente. Ele não o ouviu, insistiu na brincadeira perigosa! Além disso, acima de tudo vigora a vontade do Senhor dos mundos que, certamente agora, cuida de seu irmão com todo o amor que ele merece.

Reinaldo chorava abundantemente. Dava vazão a todos os sentimentos dolorosos, que represara em si. Bebia cada palavra do capuchinho surgido misteriosamente a sua frente como um viajante do deserto que depara com uma fonte d'água. Queria muito acreditar no que aquele homem lhe dizia. Queria imaginar Ithan bem cuidado, num lugar feliz, onde pessoas amigas tratariam dele. Mas como aquele homem que nunca vira antes sabia tanto a seu respeito?

Era espantoso como sua presença era confortadora. Mais calmo, Reinaldo começou, inexplicavelmente, a lhe contar seus segredos mais íntimos, tal a confiança que o capuchinho lhe inspirou:

– Passei a achar que a morte de Ithan foi uma punição para mim. Não sei se o senhor também sabe disso, mas eu tenho outro irmão, a quem detesto e nunca aceitei. Fico imaginando que Deus está me castigando por não tê-lo aceito, privando-me da companhia do outro a quem sempre adorei... o senhor me entende, padre?

As entidades venerandas amparavam Paolo no seu ministério de auxílio para que ele não se fragilizasse diante dos comentários antifraternos do assistido. Sem dúvida, estava sendo um teste para seu bondoso coração. Mas o medianeiro, captando as vibrações de paz dos companheiros desencarnados, respondeu calmamente:

– Não vamos imaginar que Deus seja um ser que existe para nos castigar! Não! O Amor Divino é grandioso demais para ser reduzido a uma ideia tão mesquinha!

– Acha, então, que Deus me perdoa, padre? – indagou Reinaldo, menos apreensivo.

– Deus não julga ninguém. É você que tem de se perdoar; perdoar seus pais pelos desenganos dos quais sempre os acusou; sua namorada, a quem acusa de imprudentemente tê-lo afastado da vigilância de Ithan, pois ela também está sofrendo muito.

– Como o senhor sabe tanto? Foi meu pai quem pediu para que conversasse comigo?

Paolo, sorridente, apenas afirmou:

– Foi o Pai de todos nós que me permitiu estar aqui, amigo. Fiquei feliz em conversar com você, mas agora devo ir.

– Eu o acompanho – sugeriu Reinaldo, solícito –; agradeço muito pela sua atenção e desculpe-me por tê-lo ocupado tanto!

– Não é necessário acompanhar-me. Ajude sua mãe, que está desolada com tudo o que aconteceu. Faça por ela o mesmo bem que diz ter recebido esta noite, assim vai se sentir melhor ainda. Fique em paz, amigo.

Após as despedidas, Reinaldo, seguindo a sugestão do misterioso frade, foi ao encontro da mãe. Todos ficaram surpreendidos com a estranha visita, ainda mais quando souberam, pelos guardas do portão, que nenhum visitante havia entrado ou saído da residência.

Reinaldo ficou sem saber o que dizer. Não fora um sonho, havia sido real; não fora alucinação ou superexcitação da mente, tão atribulada nos últimos dias! Podia-se dizer que era um fato sobrenatural, que ele havia falado com um fantasma ou um ser fantástico. Mas o indiscutível para o filho de Stefânia era que ele havia conversado com um religioso, que se vestia como os Capuchinhos, e isso serviu para que ele recobrasse o ânimo de viver e para dar ritmo normal às suas atividades!

Com relação a essa conversa com o frade capuchinho, como ninguém viu, permaneceu como uma lenda na família. Apenas Edgar o associou a Paolo; contudo, por julgar verdadeiramente improvável que ele tivesse se feito presente repentinamente aos olhos do irmão, nada mencionou.

Vez ou outra, Reinaldo dizia sonhar com ele, posicionado no alto de um rochedo, tendo atrás de si um farol. Conseguia ver nitidamente as ondas batendo com violência nas pedras. Era uma visão linda e ao mesmo tempo, aterradora. Começou a perceber que sempre que tinha esse sonho, algo importante acontecia em sua vida. Os compromissos profissionais estavam exigindo cada vez mais o talento e a competência do jovem empresário. Por vezes, quando a competitividade do mercado o fazia oscilar entre a ética e o sucesso a qualquer preço, lá se via ele próximo do frade, que sabia orientá-lo muito bem. Embora sem guardar integralmente o teor da conversa, ele despertava mais lúcido, conseguia pensar com mais objetividade e, na maioria das vezes, vencia seus desafios sem se comprometer moralmente.

Toda vez que via um capuchinho passar, estimava que fosse o amigo a quem aprendera a respeitar e a querer bem, mesmo desconhecendo a identidade. E foi assim que Reinaldo e Paolo se aproximaram e se uniram, apesar da distância física que os separava.

O MISTÉRIO SE DESFAZ

ais três anos transcorreram.

Durante esse tempo, Paolo havia passado por inúmeras experiências, nos mais diversos lugares que conheceu, sempre exercendo suas tarefas de religioso. Usando as roupas diferentes, as quais sua madrinha aludira tempos atrás, ele esparramava bênçãos, lições de entendimento e paz, mesmo nos ambientes mais conflagrados.

Como todo representante da luz em meio às trevas, sofrera ameaças, arriscara a vida, mas com perseverança, sempre alcançava bons resultados. Adorava as crianças e elas lhe retribuíam o afeto, cercando-o com a pureza de seus sentimentos. Aos enfermos, não só dirigia palavras alentadoras, mas também a energia magnética para auxiliá-los na recuperação. Era respeitado e querido por todos os frades, que lhe confiavam as tarefas mais delicadas, cientes de que ele se desembaraçaria sem grandes dificuldades. E, com amor no coração, em trabalho silencioso, Paolo prosseguia desfrutando a companhia sábia e bondosa de seus mentores espirituais.

Enquanto isso, Susana, em Guaratuba, passava por momentos difíceis. Procurava se acostumar com o fato de Paolo não estar próximo a ela. Toda vez que isso era possível, ele comparecia com alegria. Contudo, as muitas tarefas assistenciais e viagens faziam com que ele se ausentasse por tempo prolongado.

A tudo isso, Susana entendia; apenas estava mais fragilizada pela doença que insistia em esconder do filho, para não preocupá-lo ainda mais. Nas cartas e nos telefonemas, dizia-lhe que tudo estava bem, mas suspeitava que ele não estivesse convencido.

Certa noite, Paolo telefonou para Ethel, na certeza de que ela não lhe faltaria com a verdade. Ethel, mais uma vez discordando da decisão de Susana em omitir a verdade à pessoa a quem mais amava no mundo, colocou-o a par de tudo. O estado de saúde de Susana inspirava cuidados: os médicos haviam localizado um tumor nos intestinos e que se espalhava pelos demais órgãos. A cirurgia era arriscada. A doença se apresentava sob uma forma rara, e ela, ao que tudo indicava, não tinha muito tempo de vida.

Paolo não ficou exatamente surpreso. Já sabia que a mãe não estava bem e que mais uma vez tentava lhe poupar dos dissabores. Ele, que auxiliara a tantos enfermos, não iria se furtar em assistir a sua genitora. Pediu licença de seus afazeres a seus superiores e seguiu para Guaratuba ao encontro da mãe.

Lá chegando, soube que Susana havia sido hospitalizada. Foi emocionante o encontro dos dois. Ao vê-lo, ela recordava-se sempre da predição de Iareci, a prenunciar a separação de mãe e filho para que ele saísse pelo mundo espalhando bênçãos. E era exatamente o que acontecia com Paolo, sempre humilde, prestativo e gentil com todos.

Mesmo com sua fortaleza espiritual, conquistada ao longo do tempo, nas situações mais árduas, Paolo não deixou de se sensibilizar ao se aproximar da mãezinha a quem adorava. Ela estava bem mais magra, olhos fundos, fustigada pela doença. Queria infundir-lhe novas forças para que ela se recuperasse plenamente. Mas sabia que não era essa a determinação do Criador. Em casos como o de sua mãe, os espíritos amigos sempre o haviam inspirado para que preparasse o enfermo para a transição.

Ele conversou bastante com os médicos e eles lhe comunicaram que infelizmente não havia muito o que fazer. Restava aguardar o tempo.

E já que o tempo era escasso, Susana procurava reunir em si todas as forças que ainda lhe restavam. Animada com a presença do filho e querendo desfrutar ao máximo de sua companhia, propôs que, assim que seu estado geral melhorasse e ela tivesse alta, os dois seguissem para a Ilha do Mel, a fim de reviver os momentos que haviam passado ali. Ficariam alguns dias, como faziam quando ele era criança. Que Paolo nem os médicos lhe negassem essa satisfação! Seguiria com cuidado todas as recomendações, mas queria ver satisfeita sua vontade. E assim foi feito. Logo que ela se restabeleceu, ambos seguiram para o recanto tão amado.

Ali foram recebidos pela querida Inaê e mais alguns amigos, os quais se prontificaram a cuidar da enferma, que assim que pôs os pés naquele lugar, o qual dizia ser encantado, resolveu esquecer a doença e todas as aflições que ela lhe estava causando. Os dias ensolarados haveriam de lhe dar o ânimo e a alegria de que necessitava para se preparar para se despedir desta vida e passar para outro plano de existência. Paolo estava ao seu lado e ela não queria perder um só minuto ao lado do filho, depois do prolongado afastamento.

Enquanto Susana descansava da viagem, Paolo e Inaê, como sempre, conversavam na Praia das Encantadas, próximos à gruta de mesmo nome. A indiazinha, com sua meiguice, o olhar sereno de sempre, contava-lhe sobre as decisões que tomara nos últimos tempos. Resolvera aceitar o pedido de casamento de Jocelito, que agora também trabalhava ali como pescador.

O amigo ficou feliz com a decisão dela. O rapaz sempre havia manifestado especial atração por ela e, vencendo as barreiras do preconceito, conseguira conquistar seu afeto. Mas uma sombra de dúvida parecia pairar nos olhos de Inaê. Paolo, por conhecê-la muito bem, inquiriu:

– Você vai se unir a um homem que sempre a amou, que respeita este lugar tanto quanto você. Acredita agora que o homem branco nem sempre age no sentido da destruição e da morte?

Ela meditava sobre a questão. O vento a lhe agitar os cabelos muito lisos e negros, o olhar a fitar um ponto qualquer, à procura de respostas. Só então, ela respondeu:

– Ainda não sei, Paolo, se posso esperar gestos nobres e sentimentos sinceros por parte daqueles que nem sempre sabem conviver em paz conosco, os índios! Às vezes, de madrugada, acordo assustada, banhada em suor... como se estivesse fugindo de algum perseguidor implacável. Outras, torno a ouvir o choro, os tiros e os gritos que ouvi naquele dia terrível em que meus pais e outros índios foram assassinados! Eu era pequena, mas me lembro de que alguém corria comigo pela mata enquanto, ao longe, todos eram mortos.

– Ah, Inaê! Como lamento que essas lembranças horríveis não tenham se apagado de sua memória!

– Fico assustada com isso, Paolo! Tenho a sensação de que, se consegui escapar da primeira vez, da segunda não escaparei.

– Não diga isso, minha querida – dizia o amigo, abraçando aquela que sempre havia sido a alegria da sua vida. –, Deus lhe reserva muita felicidade e amor! Não deixe que a sombra dos erros e da brutalidade humana lhe marquem os dias para sempre! Você vai se casar, terá seus filhos e viverá feliz com sua família. Vai semear paz e progresso onde outrora houve destruição e dor. E tudo isso vai melhorar, confie, Inaê! Acredite no que lhe digo! E liberte-se para sempre de todos esses tormentos!

Paolo parecia conhecer a fórmula certa para acalmá-la e sossegar seu coração apreensivo. Ficaram os dois abraçados, em silêncio, parecendo apenas querer captar o que as vagas impetuosas estavam a lhes transmitir. De repente, a tranquilidade do momento foi quebrada. Um menininho, correndo pela praia os chamava e gritava entusiasmado, atiçando-lhes a curiosidade:

— Venham! Venham ver os náufragos que chegaram à Ilha!

— Náufragos! — exclamou Inaê surpresa.

E os dois seguiram o menino que levara a inusitada notícia.

Durante os três anos que se seguiram à morte de Ithan e ao encontro com o misterioso capuchinho no jardim de casa, Reinaldo passou a empregar um ritmo ainda mais frenético às suas atividades empresariais.

Arrojado em suas decisões, lançava-se à frente, apoiando iniciativas pioneiras, trazendo sempre aos Móveis Yunes, o signo da contemporaneidade, da qualidade e da originalidade. Com isso, a marca conquistava cada vez mais a preferência dos consumidores, chegando mesmo a alcançar a liderança do mercado moveleiro.

Eram conhecidos e prestigiados nacionalmente e Edgar reconhecia que grande parte desse sucesso se devia ao caráter empreendedor do filho, corajoso nos momentos de crise, astuto e criativo diante das oscilações da economia. Reinaldo revelava-se pronto para suceder o pai na liderança da empresa e, certamente, faria com que a mesma, originada de modesta fábrica ainda nos tempos de seu avô, solidificasse e ampliasse ainda mais sua ação.

Jamais esquecera o querido irmãozinho e notara o quanto sua partida modificara o modo de ser da mãe. Ela permanecia inconformada com sua ausência. Seguidamente, afastava-se do lar e da família em longas viagens, buscando fugir das recordações tristes. Primeiro, o terrível suicídio de Roberto; depois, sua provável reencarnação como Ithan, que tão cedo tornou a partir, enlutando seu coração. "Qual seria a finalidade de tudo isso?", perguntava-se ela. "Qual a razão de tanto sofrimento?"

Quando voltava para a casa, a solidão a incomodava novamente. Sentia a ausência de Reinaldo e do marido, sempre e cada vez mais empenhados em produzir mais e mais riqueza como se essa fosse a única finalidade da vida e como se com tal atitude, fossem encontrar de novo algo o que a vida havia lhes tirado.

Via o filho acompanhado por belas jovens, ora com uma, ora com outra, sem dar a nenhuma a chance de assenhorear-se de seu coração. Stefânia muito apreciaria a companhia de uma nora, a compartilhar os gostos e aspirações femininas. Mas Reinaldo ainda não parecia inclinado a deixar o campo de batalha em que se transformara sua vida profissional para se dedicar a um lar e uma esposa.

Mesmo a pintura que, outrora, lhe trouxera tanta alegria, parecia não ter mais o mesmo encanto para Stefânia. Sentindo-se só, amargurada e sem mais nenhuma outra finalidade na vida, a sra. Yunes tomara, nos últimos meses, um caminho perigoso – o alcoolismo.

De início, de maneira imperceptível, mais tarde, intensificando-se a ponto de ela pensar encontrar na bebida a fuga de suas tristezas, dos arrependimentos pelos atos praticados no passado ao afastar Edgar e Susana, duas pessoas que se amavam intensamente. Quanto arrependimento, quanto mal derivou de sua louca obsessão pelo irmão de Roberto! Planejara inúmeras armadilhas, promovera desencontros, forjara situações esdrúxulas no sentido de afastá-los. E o que conseguira? Era uma esposa frustrada, que conquistara o respeito e a admiração do marido, mas nunca um afeto mais intenso.

Agora, não havia mais Ithan para dirigir sua atenção e seu carinho. A seu ver, era, portanto, uma pessoa perfeitamente dispensável tanto na vida do marido, que já granjeara a tão almejada posição de destaque, como do filho, já adulto, seguro de suas decisões e cada vez mais afastado dela. Pouco a pouco, Stefânia ia se autodestruindo propositadamente, dominada pela autopiedade. Prejudicava a saúde orgânica e a mental com suas próprias mãos. E ninguém parecia se importar com isso.

Para fugir dos aborrecimentos do trabalho e das tensões familiares, Reinaldo entregava-se ao prazer de velejar! Inexprimível alegria se apossava dele toda vez que podia embarcar em seu veleiro e sentir a impressão de ser um marinheiro em busca de terras bravias e desconhecidas. Afastava-se da costa com gosto, imaginando ser um conquistador do século XVI, pronto a aportar num lugar desconhecido. Fantasiava não haver países, nem cidades, nem pessoas, tudo ainda por ser descoberto.

Possuía agora uma embarcação com os mais avançados recursos náuticos. Tinha mais experiência em velejar e de novo convidara Glauco, seu parceiro de aventuras marítimas, para acompanhá-lo em viagem a Santos, em São Paulo. Ali passaram dias agradáveis, esquecidos de tudo o que lhes causava desgosto e preocupação.

Durante a viagem, Glauco revelou-se adoentado e indisposto, mas, julgando tratar-se de algo passageiro, quis seguir viagem.

Contudo, problemas inesperados forçaram uma mudança de planos. Uma pane repentina nos equipamentos da embarcação fez Reinaldo parar o veleiro nas proximidades da Ilha do Mel. Glauco estava febril, com fortes dores no corpo e ele não tinha mais condições de ajudá-lo. Além disso, havia sofrido um acidente, cortara a mão e o ferimento profundo ameaçava infeccionar.

Era uma manhã ensolarada e ele pediu ajuda ao posto de socorro mais próximo. Glauco avistou uma pequena embarcação de pesca não muito longe deles. Sinalizou e pediu que chegasse mais perto.

Jocelito ofereceu-se para ajudá-los e levou os dois rapazes para a Ilha. Iriam providenciar o conserto do veleiro.

Assim, ambos foram recebidos na Ilha e levados para serem medicados. Reinaldo, bastante abatido e exausto, atirou-se ao solo, estirando o corpo na areia. Fechou os olhos por alguns instantes enquanto agradecia a Deus por enviar aos dois a ajuda num momento de tanta aflição. Glauco haveria de ficar melhor. A mão dele haveria de receber alguns pontos e logo não existiria nem sinal do corte profundo. Agradecia mentalmente a Deus e... quando abriu os olhos, deparou com o olhar solícito de uma bela jovem. Traços tão simples, mas de singular encantamento. Ela, instintivamente, disse:

– Conheço algumas ervas que podem curar esta ferida. Não se preocupe. Agora, mesmo, farei uma pasta e colocarei no seu ferimento. Sente mais alguma coisa?

Reinaldo, um tanto febril, respondeu sorridente diante da bela figura que o acolhia:

– Sinto... que cheguei ao paraíso!

Jocelito, noivo de Inaê, logo identificando a malícia na frase do rapaz, tratou de afastá-la, encarregando outras pessoas de levarem-no ao posto médico.

Inaê protestava. Estava decidida a tratar do ferimento do rapaz como já fizera tantas vezes com outras pessoas. Gostava muito de fazer isso e não seria o noivo que a impediria.

E como ela sabia fazer valer sua opinião perante o pescador enciumado, em seguida prepararia o curativo e levaria ao náufrago da ilha.

Assim que chegaram, Glauco foi medicado e passou a receber o soro e o tratamento adequado para a súbita infecção intestinal que o acometera.

Reinaldo acompanhava o amigo enquanto aguardava para ser atendido. De inopino, sentiu uma mão delicada em seu ombro. Era Inaê, com seu sorriso amável, a oferecer ao rapaz o remédio feito à base de ervas medicinais, que, segundo ela, ajudaria na limpeza do ferimento de sua mão de forma bastante eficaz e praticamente indolor.

O velejador a observava com atenção. A jovem deveria ter uns 24 anos, era delicada nos gestos, nas palavras e na própria aparência frágil. Em outra circunstância, dificilmente ele cogitaria em se entregar a tratamento tão exótico. Chegara àquele local praticamente desconhecido, com pessoas que nunca vira antes... Mas a fisionomia serena da índia, que lhe mostrava que a prática era bastante natural para ela e que nada tinha de incomum, parecia dissipar todas as desconfianças do rapaz.

Ele se deixou levar, sem maiores resistências, ao local indicado pela jovem. Ali, ela passou cuidadosamente a limpar o profundo corte da mão dele, o que lhe provocou tremendo desconforto. Ficaram em silêncio por alguns instantes, mas ele não conseguia deixar de observá-la. Parecia encantado com a solução administrada por sua nova benfeitora. Curioso, ele perguntou:

– O que a trouxe até mim, Inaê? Por que não me deixou ser tratado pelo médico?

– Porque sempre soube quais são as pessoas a quem devo prestar socorro. Já fiz isso várias vezes. Até os médicos já se acostumaram. Se as pessoas aceitam, sempre ofereço minha ajuda.

– E como você é compensada por isso?

– Cada um me recompensa de uma maneira. Eu não costumo exigir nada.

– Como assim? Você trabalha de graça? – inquiriu ele espantado.

– Às vezes sim, principalmente quando se trata de crianças.

Reinaldo soltou um gemido. As ervas começavam a penetrar em seus tecidos lacerados, surtindo efeito. Inaê, enfaixando com cuidado a mão do paciente, recomendou-lhe os devidos cuidados e lhe assegurou que ficaria bem.

Ao término do atendimento, ele indagou àquela que lhe prestara socorro com tanto carinho e presteza:

– Adoraria recompensá-la à altura? O que poderia fazer por você?

– Cure depressa sua mão e use-a para fazer o bem aos outros!

– Só isso? Tão simples assim? – insistiu ele, sorridente.

– Foi o que aprendi com o meu amigo Paolo. Toda vez que ajudamos alguém, devemos lembrá-lo de que a melhor maneira de agradecer é fazer o bem aos outros.

Por um átimo de segundo, Reinaldo lembrou-se do que lhe acontecera anos atrás. O frei capuchinho, naquela inusitada noite no jardim, havia lhe recomendado a mesma coisa.

Assim, ele comentou interessado:

– Esse seu amigo deve ser uma pessoa muito boa para pensar assim. Ele vive aqui? Gostaria de conhecê-lo. Ainda ficarei uns dois dias na Ilha.

– Não se preocupe! Você vai conhecê-lo agora mesmo. Ele está chegando. Talvez queira falar comigo.

De fato, Paolo caminhava a passos rápidos na direção de Inaê. A curta distância, já podia presumir que ela deveria, mais uma vez, estar cuidando de algum ferido ou acidentado. Assim que pôde ser ouvido, esclareceu o motivo de sua presença:

– Inaê! Por favor, minha mãe a espera! Ainda está muito ocupada?

– Não, Paolo, já terminei os curativos. Veja! Este é o náufrago que chegou hoje! Seu nome é Reinaldo! Há pouco conversávamos a seu respeito e ele me dizia que queria conhecê-lo. Melhor assim! – concluiu ela. – Enquanto atendo dona Susana, vocês ficam conversando.

Inaê despediu-se sem entender muito por que ambos se olhavam com tanto espanto, sem emitir uma só palavra. Dirigiu-se, rapidamente, para a casa onde a mãe do amigo se hospedara.

Ele tinha, naquele instante, de maneira totalmente imprevista, a figura do irmão diante de si.

Reinaldo, por sua vez, identificara prontamente a figura do amigo misterioso que lhe fizera visita tão especial, anos atrás, num momento tão delicado de sua vida. Há pouco se lembrara dele e de suas palavras tão sensatas e pacíficas a refrigerar-lhe a alma marcada por padecimentos terríveis, causados pela culpa em virtude do acidente que vitimara o irmão, Ithan. Como podia ser possível aquele homem surgir à sua frente mais uma vez? Teria sido atraído pela força de seu pensamento?

Sua mente trabalhava buscando todas as respostas possíveis. Desta vez, porém, notava que também o monge, como o chamava, revelava-se tão espantado quanto ele. E mais... podia notar furtiva lágrima a escorrer por sua face. "Qual seria a razão?", perguntava-se. Vendo o sacerdote imóvel, como se tivesse petrificado, perguntou-lhe, como se já soubesse a resposta:

— Então é o senhor? Sim... foi o senhor mesmo que conversou comigo lá em casa... no jardim... há algum tempo atrás! Eu nunca me esqueceria do senhor, monge! Lembra-se de mim?

Paolo estava muito emocionado. Com a voz embargada, respondeu, ao ver que havia sido reconhecido com precisão:

— Sim, foi comigo que você conversou.

— Sabia que até hoje, por vezes, sonho que estou conversando com o senhor? Talvez seja porque sempre tive vontade de encontrá-lo. Que bom saber que mora aqui neste lugar tão lindo!

Paolo desfez o engano, esclarecendo:

— Não moro aqui! Estou apenas de passagem, por alguns dias, na companhia de minha mãe. E você, como está?

— Muito à vontade.

E como se estivesse diante de um velho amigo, Reinaldo comentou:

– Eu e meu amigo Glauco passamos por maus momentos. Mas agora estou bem melhor. Ele também logo vai se recuperar. Faremos alguns consertos e ajustes mais urgentes no veleiro e partiremos dentro de alguns dias. Ah! Como uma viagem tão rotineira para nós pôde ter um desfecho tão surpreendente? Por um lado, a parada forçada na ilha também teve suas vantagens. Pude encontrá-lo novamente, pude conhecer esta bela indiazinha que me tratou tão bem; enfim, não está sendo tão mal assim!

Paolo de imediato captou o efeito que Inaê provocara no náufrago. Não era a primeira vez que via isso acontecer. A jovem parecia possuir um elemento que atraía a atenção de homens que chegavam à ilha e identificavam nela mais um elemento exótico na paisagem. Todavia, a moça aprendera a se defender de tais armadilhas e nunca dava espaço para investidas mais ousadas, até mesmo de turistas ou outros visitantes. Portanto, ao ouvir o irmão, julgou prudente não incentivar seu entusiasmo.

Reinaldo queria prolongar ao máximo seu contato com a pessoa que tanto quis rever e, subitamente, naquela ilha que parecia estar sendo mágica – no seu ponto de vista –, estava face a face com ele. Sugeriu que, assim que soubesse do estado do amigo Glauco, os dois saíssem para caminhar por aquele lugar tão aprazível, onde só estivera algumas vezes, rapidamente, sem ter tempo suficiente para se deter em examinar as belezas naturais ali existentes. Tinha certeza de que o frade, por conhecer a ilha, seria um guia ideal.

O convite foi aceito de pronto. E, logo, Paolo e Reinaldo, em conversação animada, trilhavam, lado a lado, as maravilhosas paisagens da Ilha do Mel, num encontro providenciado pelas mãos de Deus!

Paolo, mal havia se refeito da surpresa de ter um irmão e se via agora em sua companhia, na contingência de responder-lhe às inúmeras perguntas que lhe afloravam na mente ágil, afoito por saber tudo a respeito dele, que sempre se fazia presente nos momentos mais prementes.

Reinaldo indagava, principalmente, sobre as razões que o fizeram optar pela vida religiosa, quando e por que decidira se tornar um capuchinho, que tipo de atividades realizava; enfim, sentia-se à vontade para descobrir o mais que pudesse.

O ânimo e o carinho que o religioso empregava às palavras ao relatar seu trabalho e os lugares e pessoas que conhecera encorajavam ainda mais o espírito investigativo de Reinaldo, que, com a atenção voltada para os assuntos em pauta, não havia se fixado bem no rosto e características físicas do frade. Quando se deteve a fazê-lo, admirou-se com o viu. Os traços daquele rapaz que estava ao seu lado – empolgado em lhe descrever as ações às quais se dedicava e por quem se sentia ainda mais cativado ao conhecer a dimensão de seu trabalho solidário – tinham notável semelhança com a figura paterna. Sobretudo, destacavam-se os olhos muito escuros e oblíquos, o cabelo e o formato dos lábios.

Repentinamente, voltaram à sua lembrança as escassas informações a respeito do meio-irmão cuja existência nunca havia aceitado. Sabia, vagamente, que ele também havia seguido a vida religiosa e se chamava Paolo.

Todavia, não podia acreditar que pudesse se tratar da mesma pessoa. Mas, a cada momento que via a expressão a denunciar a semelhança física com Edgar, a dúvida voltava com tal intensidade que ele passou a sondar:

– Paolo, seus pais devem ter sofrido muito com a sua decisão. Ficar longe deles por tanto tempo, preferir viver com pessoas estranhas a desfrutar-lhes a companhia... Onde vivem? – Mas a pergunta que lhe agitava intimamente era: "Você tem irmãos?".

– Eu sou filho único, e sempre vivi apenas com minha mãe. Meu pai teve outros filhos – respondeu com naturalidade, sem intenção de ocultar-lhe nada.

– Então, seu pai não vive com vocês – insistiu, dando a entender que queria mesmo ir além em sua investigação.

– Não! Meu pai mora em Curitiba.

– ...E se chama Edgar Yunes – desferiu Reinaldo com precisão absoluta.

Paolo viu que nada mais havia a esconder. Sem disfarçar a emoção, confirmou o que o outro havia dito:

– Sim, sou filho de Edgar Yunes, a quem nunca tive a felicidade de abraçar como pai!

O olhar de Reinaldo vagava ao redor, fixando-se num ponto qualquer. Não mais faceava o interlocutor. Apenas expôs suas suposições com tristeza:

– E você, certamente, deve ter detestado as pessoas que evitaram essa aproximação, da mesma maneira que eu sempre detestei a ideia de que meu pai tivesse um filho com a própria cunhada!

Paolo mantinha-se calado, meditando na melhor resposta à delicada questão. Lançava o olhar para seu íntimo, vasculhando antigas emoções já apagadas de sua memória e de seu coração. Mas em momento algum encontrou o ódio e o rancor aos quais Reinaldo se referia. Assim, tranquila e sinceramente, respondeu:

– Acredite você ou não, Reinaldo, nunca tive raiva nem de você nem de sua mãe, mesmo sabendo que eram contra qualquer tipo de aproximação. Se preferi ficar distante, foi porque julguei que assim seria melhor. Nunca acusei minha mãe por ter-me afastado da família. Ela teve suas razões. Além disso, tentei por duas vezes conhecer pessoalmente meu pai, mas, ao que tudo indicou, ainda não havia chegado a hora.

Paolo parecia mesmo conformado com tudo o que lhe sucedera. Reinaldo estranhava. Como podia alguém abrir mão da posição social e da própria identidade? Ele, em seu lugar, teria protestado, insistido na aproximação até ser ouvido. Jamais se ajustaria àquela situação de se ver alijado do conforto do lar e do afeto paterno.

Concluía, ao ouvi-lo com atenção, que se tratava de uma pessoa de qualidades raras. Como pudera rejeitá-lo sem sequer conhecê-lo? Um sentimento de pesar começava a agitá-lo intimamente. Como pôde ser tão frívolo e egoísta, sentindo-se ameaçado por alguém que sempre estava acima de interesses mesquinhos?

Reinaldo pediu licença ao frade. Não se sentia mais em condições emocionais de prosseguir a conversa. Estavam retornando ao ponto em que iniciaram a caminhada. E, a partir dali, não mais seriam as mesmas pessoas.

Enquanto isso, Susana, ainda na companhia de Inaê, ressentia-se pela demora de Paolo. A moça lhe havia dito que ele havia ficado na companhia do náufrago, que se vira na contingência de aportar inesperadamente na ilha. Comentou, então:

– Inaê, será que Paolo está até agora na companhia do rapaz? Por que será que demora tanto?

– Devem estar distraídos conversando, ele e o Reinaldo. Dona Susana, ele é um rapaz tão bonito! Aliás, só agora me dei conta, deve ser seu parente, tem o mesmo sobrenome... Yunes, isso mesmo, era assim que o amigo o chamava!

Susana, pálida, disse:

– Tem certeza de que foi esse mesmo o nome que ouviu, Inaê? Reinaldo Yunes?

– Sim senhora! Tenho certeza! É seu parente?

Susana, ainda atônita, respondeu:

– É... ele é meu sobrinho, filho do meu cunhado! Mas não o vejo há muito tempo!

– Agora entendi por que eles se olharam como se já se conhecessem! Claro, são primos. – Concluiu a indiazinha e, sorridente, inferiu: – A qualquer momento devem estar chegando para visitar a senhora.

Susana estava confusa, sem saber o que pensar. Seria mesmo a pessoa que ela imaginava?

Sem ter noção da gravidade da revelação que fizera, Inaê preparava-se para sair. Tinha outros compromissos e não podia se demorar mais. Quando já se distanciava da casa, viu que Paolo retornava com os olhos baixos, como era seu costume fazer quando se via em alguma questão grave. Ao contrário do que Inaê imaginara, ele vinha desacompanhado. Apenas lhe acenou amavelmente e seguiu seu caminho.

Ao entrar em casa, não precisou pronunciar nenhuma palavra. Vendo sua expressão, marcada pela forte emoção do dia, Susana se antecipou declarando:

– Inaê acabou de me contar sobre seu encontro... Era seu meio-irmão, não é?

– Sim, mãe, era ele mesmo! Conheceu-me sozinho. Cabe a ele, agora, decidir o que fazer daqui em diante, porque, para mim, nada mudará!

Susana abraçou-o, enlaçando-o fortemente. Avaliava o quanto a conversa tinha mexido com seus sentimentos mais puros. Paolo não precisava estar passando por aquilo se ela não o tivesse afastado por tanto tempo da família Yunes – concluía abatida. Jamais saberia se agira corretamente ou não. Importava agora aconchegar o filho querido que tanto bem e amor espalhava entre os homens, mas que, naquele instante, precisava apenas do regaço materno.

O AMOR TRIUNFA

J á caía a tarde quando Glauco acordou de um sono prolongado. Revelava-se mais disposto, já não sentia tanto mal-estar, o qual atribuiu a algum alimento mal conservado. Ao acordar, foi informado de que Reinaldo já havia providenciado a reparação da peça danificada do veleiro, que, ao prejudicar a segurança da viagem, impedira sua continuação.

Glauco, 26 anos, acompanhava-o em suas peripécias desde a adolescência quando se conheceram. Era filho de um amigo de Edgar e também trabalhava na empresa deles. Queria-o como a um irmão e participara de lances importantes em sua vida. Admirava o arrojo e a desenvoltura que Reinaldo empregava em suas realizações e muito aprendera com ele.

No entanto, naquele instante em que divisou sua figura abatida, como alguém que estivesse a se refazer de um grande susto, Glauco não podia sequer imaginar do que se tratava. Reinaldo estava pálido, transmitia uma estranha inquietação na maneira de falar e de se comportar. Conhecendo-o bem, o enfermo tratou de perguntar se algo mais grave havia acontecido. O interpelado tentava desviar a conversa, informando já ter comunicado o sucedido aos familiares. Glauco, todavia, terminava por insistir em saber o que o estava afligindo.

Reinaldo, então, lhe contou a forma fantástica como havia estado diante de alguém que tentara expulsar decisivamente de sua vida.

– Glauco, você sabe a respeito do meu outro irmão... aquele que sempre viveu longe de nós, filho de meu pai com a cunhada dele. Conhece a história, não?

– É claro. Você sempre criticou Edgar. Nunca aceitou a ideia de ter um meio-irmão. Sempre foi contra a aproximação com ele.

Reinaldo dava voltas pelo quarto, como a rememorar passo a passo o inesperado encontro.

– Exatamente! Pois saiba que hoje eu o conheci. Estive com o meu irmão e, em meio a longa conversa, descobri nosso parentesco.

– Tem certeza, Reinaldo?! – indagou o outro, desconfia-do. – Tem certeza de que se trata dele mesmo?

– Não tenho dúvidas. Tudo se desenrolou com uma pre-cisão tão absoluta, que eu, embora surpreso, guardo a certeza de que se trata realmente de Paolo.

– E que impressão você teve dele? Como foi?

– Tive a melhor impressão possível. Ele é uma pessoa ex-traordinária! Senti-me tão pequeno diante de sua generosi-dade e grandeza moral que nem mesmo consegui continuar nossa conversa. Até agora estou pensando no que fazer.

– De fato, Reinaldo – comentou o colega –, você deve pensar muito bem em como agir daqui em diante.

Reinaldo calou-se por um instante. Vendo que o com-panheiro se dispunha a escutá-lo com paciência, prosseguiu suas elucubrações, como se estivesse pensando alto:

– Eu poderia sair desta ilha fingindo que nada aconteceu, deixá-lo tão esquecido, ignorado e distante do convívio fa-miliar quanto antes. Poderia facear meu pai, ocultando-lhe a verdade. Poderia, enfim, tratar tudo como um grande sonho, vivido neste lugar surpreendente, mas...

– Não estaria agindo com justiça diante de alguém que passou a querer tão bem, não é? – concluiu Glauco com acerto.

– Só agora entendo que nós: eu, meu pai, minha mãe e Ithan não fizemos tanta falta na vida dele. Acho, mesmo, que ele deve ter vivido muito bem longe de nós. Glauco, Paolo foi quem fez falta na nossa vida. Se o tivéssemos co-nhecido antes, certamente seríamos pessoas melhores.

Um traço de profundo desapontamento marcou a última frase. Reinaldo meditava muito e se convencia de que era preciso corrigir os rumos da nau familiar. A nova rota passaria a incluir Paolo como membro de direito.

O dia seguinte foi de intensa movimentação. Era preciso se preparar para continuar a viagem de retorno a bordo do veleiro. No entanto, um fato aborrecia Reinaldo e fazia com que ele pensasse em adiar a viagem, ficar mais um dia. Precisava convencer o irmão a seguir com ele até Curitiba. Queria muito que ele conhecesse o pai por seu intermédio. Contudo, por mais que o procurasse em todos os cantos da ilha, não o encontrava. "Teria ido embora?", perguntava-se contrafeito. Soube que Susana ainda retornaria à ilha e achou que ele não haveria de partir sem ela; portanto, se ali não estivessem, haveriam de regressar.

Somente mais tarde foi informado de que os dois haviam ido até o pequeno vilarejo onde Paolo nascera. Reinaldo, mais animado, saiu a procurá-lo sem, contudo, conseguir localizá-lo. Lembrou-se de Inaê! Por certo, ela conhecia os lugares secretos da preferência do amigo. Dirigiu-se até a pousada onde ela trabalhava e conseguiu uma indicação positiva. Àquela hora, disse a índia, ele só poderia estar na Praia do Farol. Costumava subir até lá para meditar e fazer suas orações.

Agradecido, Reinaldo se dirigiu rapidamente para o local. Lá estava ele, e o cenário era encantador. O sol se punha no horizonte, dando à praia tonalidades sublimes e causando a ele a impressão de que a vida se renovava mais uma vez. Gaivotas, andorinhas e outras aves marinhas, retornavam, passeavam pela praia e, bem acima, ao lado do Farol, estava Paolo, com o hábito de capuchinho. O vento forte agitava suas roupas, mas nem isso parecia tirá-lo de sua concentração. Quando percebeu a aproximação de Reinaldo, imediatamente abriu os braços e o acolheu tão fraternalmente que este não conteve as lágrimas. Era como se estivesse vendo um sonho se concretizar. Em várias outras oportunidades, sabia agora, havia estado ali, aquela mesma paisagem, em espírito, a privar da companhia do irmão durante o sono.

Naquele instante sublime, Reinaldo abriu seu coração:

– Paolo, venho lhe pedir humildemente que me aceite como seu irmão.

O frade apenas respondeu com um sorriso afável. Reinaldo propôs:

– Ficaria imensamente feliz se pudesse lhe fazer outro pedido: acompanhe-me a minha casa. Faço questão de que conheça nosso pai.

– Você tem mesmo certeza de que quer fazer isso, Reinaldo? Não estou exigindo nada nesse sentido!

– Não só quero, como vou fazer. Lá, outra pessoa espera por você. E precisa conhecê-lo. Isso fará bem a ela, à minha mãe, que muito carece de sua sabedoria e de suas palavras iluminadas.

– Seguiria amanhã com minha mãe para Guaratuba, onde ela precisa continuar o tratamento. Verificarei se é possível para Inaê acompanhá-la por alguns dias – sugeriu Paolo.

Lá embaixo, ao voltar de sua caminhada na praia, Susana, emocionada, presenciava a cena do reencontro dos dois irmãos, novamente unidos por obra de Deus. Conversou com ambos e concordou com os planos de Reinaldo. Partiria no dia seguinte com Inaê e ficaria bem, aguardando o regresso de Paolo. Estava feliz com a maneira pela qual tudo havia se resolvido. Afinal, sempre é tempo de deixar o amor suplantar os erros e enganos de uma existência.

Tomadas as providências de ordem prática, Inaê comprometeu-se a seguir com Susana para Guaratuba e ali permanecer por três dias, enquanto Paolo, Glauco e Reinaldo seguiriam para Curitiba. Reinaldo nada dissera a Edgar. Queria lhe fazer uma grande surpresa.

A bordo da moderna embarcação, também Paolo realizava seu sonho de velejar e, melhor ainda, podia fazê-lo ao lado de alguém que estava lhe proporcionando uma grande satisfação íntima. Havia, ao longo do tempo, aprendido a esquecer de si mesmo em benefício dos outros. Mas se a Providência Divina lhe concedia tamanha felicidade, ele não deixaria de usufruí-la.

Ao mesmo tempo, porém, sabia que lá teria um papel mais decisivo a desempenhar. Mais uma vez, lhe seria exigida a habilidade de conciliador, de alguém que procura servir a Deus erguendo seu semelhante, procurando apontar um caminho de paz e esperança.

Ciente disso, o sacerdote, ao longo do trajeto, procurava se preparar e haurir forças necessárias para realizar a tarefa para a qual fora requisitado, não apenas por Reinaldo, mas também por seus mentores amigos.

A viagem seguia tranquila e sem transtornos. Quando aportaram, tomaram o rumo de Curitiba, sem demora. Glauco ficou em sua residência e os dois irmãos foram para a propriedade da família.

Ao chegarem, Reinaldo dirigiu-se aos aposentos da mãe. Paolo havia pedido para ficar alguns instantes no jardim. Sempre manifestou preferência por ambientes ao ar livre, original templo de Deus, conforme seu entendimento.

Reinaldo, à procura da mãe, ficou triste ao vê-la estirada no leito, como se não mais tivesse forças para se levantar. Nos últimos tempos, mais precisamente desde a morte de Ithan, não era mais a mulher firme, destemida e corajosa. Deixara-se tomar pela amargura e pelo desencanto, e agora se via prisioneira de si mesma.

Em vão, as amigas a convidavam para passeios, festas e jantares. Se por acaso ela aceitasse os convites, terminava por oferecer um deprimente espetáculo, ora exigindo a atenção dos presentes às intermináveis queixas e lamentações, ora excedendo-se no consumo de alcoólicos, prática altamente nociva.

Havia acabado de acordar quando viu Reinaldo entrar em seu quarto, sorridente e animado. Ela, com voz pastosa, declarou:

– Ah, Reinaldo! Não tem ideia do susto, do medo que senti ao saber do incidente!

– Ora, mãe! Não foi nada tão grave assim, nada que não pudesse ser resolvido!

– Mas tive medo – tornou ela a dizer, com expressão assustada no rosto –; tive medo de perdê-lo, assim como, de uma hora para outra me vi sem Ithan. Deus ultimamente não tem tido muita compaixão comigo, filho!

–Não diga isso, mãe – consolava o recém-chegado. – A senhora é uma mulher tão bonita, inteligente e astuta! Sempre a amamos tanto! Não se sinta sozinha e injustiçada! É isso que está lhe fazendo mal. Tire essas ideias da cabeça!

Reinaldo passou a examinar discretamente os mais variados tipos de soníferos e relaxantes que se enfileiravam à cabeceira da cama. Stefânia se revelava cada vez mais dependente deles para conciliar o sono. Mesmo assim, despertava ansiosa, desesperada por algo que a inquietava profundamente, mas que ela não identificava com clareza. E prosseguia desajustada, apesar de frequentar os consultórios dos mais influentes especialistas em psicanálise e psiquiatria, mesmo após se submeter aos tratamentos mais exóticos indicados pelas amigas. Em nenhum desses lugares encontrou a tão esperada paz interior.

Depois de breve pausa, Reinaldo introduziu o assunto que mais lhe interessava.

– Mãe, vou lhe apresentar um amigo que acredito, poderá ajudá-la!

– Ah não, filho! – respondeu contrafeita. – Não se trata de mais um daqueles profissionais incrivelmente preparados para solucionar magicamente as dores e aflições humanas, não é!

– Não, mãe! Não é nada disso. Não se assuste! – tranquilizou Reinaldo.

– Quem é ele? – perguntou Stefânia mais receptiva.

– Ele é um frei capuchinho que conheci na Ilha do Mel. Seu nome é frei Lauro, e ele está aqui aguardando para conversar com a senhora.

– E por que você o trouxe até mim?

– Assim que a senhora começar a conversar com ele, saberá o porquê.

Reinaldo não explicou mais nada. A seu ver, a chama da curiosidade a brilhar nos olhos da mãe era um bom indício. Significava que ela se propunha a conhecê-lo. Talvez estivesse fantasiando, pensando em se tratar de algum frade milagreiro ou algo semelhante.

Já Reinaldo tinha, sim, esperanças de que Paolo pudesse despertar novo ânimo e gosto pela vida em sua alquebrada mãezinha. Não queria mais vê-la sofrendo indefinidamente. Pedia a Deus que o frei capuchinho fosse igualmente bem-sucedido naquela árdua tarefa.

E foi com o coração cheio de esperanças que Reinaldo apresentou o frei a Stefânia. Ela pedira para recebê-lo no quarto. Indizível mal-estar parecia prendê-la ao leito e ela não revelava a menor disposição de se dirigir à sala para, cordialmente, receber o visitante.

Mesmo isso havia mudado nela, até então notabilizada e saudada como excelente anfitriã, ao primar pela cortesia em receber convidados. Mas, infelizmente, já não era mais assim. Paolo estava agora diante de uma mulher que apresentava pálida imagem do que fora um dia.

Tinha as feições marcadas pela dor e pelo sofrimento. Refugiara-se no quarto escuro, com as cortinas a impedir a passagem da claridade pelas janelas. Dizia apenas sentir vontade de dormir e não mais acordar. Em outras palavras, era a personificação do desânimo e do desalento, que, lentamente, destruíam-lhe o equilíbrio orgânico.

Ao ver Stefânia criando um estado doentio, Paolo lembrou-se imediatamente de sua genitora. Nem mesmo ela, vitimada por grave moléstia, revelava-se tão desolada e frágil quanto aquela senhora.

Ambas sofriam, era verdade. Mas cada uma encarava de modo diverso o sofrimento. Susana, embora combalida, buscava em si as forças para reagir. Quis rever antigos lugares e afetos na companhia dele, seu adorado filho, mesmo sabendo que sua doença era fatal. Mesmo assim, amava a vida e não perdia um só momento que pudesse desfrutar com entusiasmo.

Stefânia, ao contrário, deixara-se tomar, sem resistência, pela autopiedade e, certamente, pelo remorso quanto aos atos praticados, bem como pela frustração resultante deles.

"O que poderia dizer a ela?", perguntava-se. Não sabia bem como começar, mas confiava nos amigos espirituais que ali estavam e pedia a Deus para que pudesse captar, fielmente, a inspiração deles.

Antes de tudo, ao se ver sozinho com a dona da casa, tratou de abrir as cortinas do quarto e deixar a luz solar entrar em abundância. Era o primeiro sinal de que, a partir daquele instante, a luz passaria a prevalecer sobre as trevas, arredando-as para longe de Stefânia, se ela assim o quisesse. E haveria de querer.

No quarto, agora, não estavam somente Paolo e Stefânia. Também se fazia presente a veneranda entidade espiritual, o jesuíta Martius, secundado por Alencar, seu assistente. Com eles, um amigo que muito aprendera com os generosos mentores. Na condição de participante da ação a ser levada a efeito, estava o espírito Roberto Yunes, já restabelecido e de posse de todas as suas faculdades.

Já estivera ali antes visitando a casa por onde transitara em duas etapas distintas de sua evolução espiritual. Aprendera muito, reajustara à custa de reiterados esforços e comparecia mais uma vez, com sua lucidez e boa vontade em servir, não apenas a Stefânia – sua genitora na mais recente experiência carnal. Queria também oferecer sua modesta cooperação a Paolo, em quem identificava agora, um companheiro de muitas lutas pretéritas.

Ambos, tanto o encarnado como o desencarnado, ver-se-iam diante de um embate a medir seu grau de adiantamento e superação quanto às marcas do passado. Martius e Alencar, orientadores de Paolo e Roberto, respectivamente, confiavam plenamente na capacidade de seus tutelados em se sobrepor a mais este ingente desafio.

Sob o generoso influxo de Martius, o frei capuchinho começou a externar o pensamento:

– Stefânia, nada poderei fazer por você se você mesma não acreditar que pode sair deste estado doentio no qual mergulhou, de confiar que todos contam com seu pleno restabelecimento e que não há motivos para prolongar indefinidamente sua situação!

– Ah, frei Lauro! Tenha piedade! Não fale assim comigo – revirou-se ela no leito, contrariada. – Muitos já me disseram essas mesmas palavras! Mas não tenho forças em mim mesma para reagir! Não é tão fácil como imaginam!

Com segurança, visando desencorajar os queixumes da abatida Stefânia, ele alegou:

– Mas não estamos no mundo para cumprir tarefas fáceis, Stefânia. Se assim fosse, o mundo seria um eterno parque de diversões, onde nos distrairíamos esquecidos de nossas responsabilidades. E o que ganharíamos? Quanto tempo gastaríamos para avançar? Diga-me quando isso começou.

A resposta foi imediata:

– Desde que Ithan foi bruscamente arrancado de meu convívio. Nunca mais fui a mesma pessoa!

Nesse momento, Martius intuiu Paolo para que a fizesse retroagir mais no tempo, trazendo à memória as causas mais remotas de suas angústias. Roberto, atento, acompanhava o sutil processo. Stefânia passou a rememorar:

– Todos os psicanalistas que me trataram situaram na minha infância a razão de meus distúrbios de comportamento. Reportaram-se eles ao fato de eu ter sido filha de um pai autoritário, que me satisfazia todas as vontades e de uma mãe cordata e dócil, que passou a vida dedicando-se a nós, abrindo mão de muita coisa para satisfazer os gostos exigentes de meu pai. Fui moldada, segundo as autoridades da psicanálise, para ser determinada e fazer prevalecer minha vontade sobre o desejo dos demais, como acontecia a meu pai. Já com minha mãe aprendi que teria de me dedicar integralmente a alguém, aguardando a realização de minhas mais altas aspirações...

– No entanto, não foi bem assim que aconteceu – interveio Paolo. – Você não conseguiu repetir em seu lar a experiência de vida conjugal que seus pais viveram.

Stefânia concordou e revelou:

– Nunca confessei aos meus médicos o que hoje, passados mais de vinte anos, dolorosamente consigo enxergar como verdadeira causa de meu fracasso!

A esposa de Edgar fez uma breve pausa. Estranhamente, sentia-se à vontade para relatar seus tormentos íntimos àquele desconhecido. Talvez porque se apresentasse como um religioso e se mostrasse verdadeiramente interessado em que ela acordasse dentro de si as energias superiores que poderiam guindá-la à situação melhor. Assim, continuou:

– A causa de minha ruína emocional residiu no fato de que, no passado, tentei reiteradas vezes – e consegui – separar duas pessoas que se queriam verdadeiramente. À custa de artimanhas, intrigas bem urdidas, fui o móvel da separação dos dois que, todavia, nunca suspeitaram de minha participação. Quando descobriram, já era tarde demais. Eu já havia conquistado – ou pensava – o homem no qual depositava toda a minha esperança de uma união feliz. Na época, achei lícito trabalhar por minha felicidade, a despeito de trazer algum transtorno à vida alheia. Susana, minha rival, era belíssima, jovem, encantadora e haveria de, sem demora, encontrar outro par.

Nova pausa se fez entre os dois. Stefânia reconstituía com precisão o dia em que sofreu um grande abalo em sua vida:

– Tudo ia bem... sentia-me segura como esposa de Edgar, certa de que havia afastado para sempre a ameaça que nos rondava, quando Roberto, meu cunhado, resolve pôr fim à surpresa que até então fazia em torno da identidade da maravilhosa jovem por quem se dizia apaixonado. Quase perdi os sentidos ao vê-lo cruzar a porta principal, conduzindo-a. Era ela, Susana.

– E não lhe parece que Deus providenciou esse encontro com a finalidade de que todos pudessem corrigir os erros e conviver em paz? – aventou Paolo.

– Era impossível ter paz com Susana por perto, padre! Nunca mais tive sossego. Logo, Roberto tratou de pedi-la em casamento. Eu achei uma ousadia, e mais ousada ela em aceitar tal disparate! Mas assim foi. Nunca entendi por que Roberto se sentia no direito de submeter o irmão querido àquela prova de fogo. Até o dia em que descobri que o filho que Susana esperava era de Edgar. Quase enlouqueci! Furiosa, providenciei para que meu cunhado soubesse, e ele não resistiu... desesperado, suicidou-se!

Roberto, enternecido, acompanhava a narrativa. Estava em condições de avaliar melhor o quanto sua atitude havia causado dissabores aos que o cercavam.

E Stefânia continuava a rememorar:

– Quando soube que Susana havia fugido, suspirei aliviada. Só conseguia odiá-la ainda mais, odiava também o filho que ela esperava. Minha revolta era tão grande que eu cheguei a desejar que a criança não vivesse ou que não fosse saudável. Não tenho vergonha de assumir que já cheguei a ser tão torpe a ponto de amaldiçoar um inocente!

A declaração comovia Paolo, ainda com sua verdadeira identidade oculta. De repente, veio-lhe à mente a imagem de sua madrinha a ensiná-lo, ainda na juventude, a perdoar quem lhe fizesse mal e a abençoar mesmo a quem o amaldiçoasse.

Serenamente, continuava a testemunhar o desabafo de Stefânia, que lhe expunha, sem reservas, as feridas de sua alma:

– Depois que ela partiu, com destino ignorado, renasceram minhas esperanças de que Edgar voltasse suas atenções para ver a mulher que eu realmente era, a única a amá-lo a ponto de nunca cogitar abandoná-lo, por mais ferida e ofendida nos brios que eu pudesse estar. Com o tempo, consegui dissuadi-lo da ideia de descobrir o paradeiro de Susana e do filho deles. Passei a fazer de tudo para me tornar indispensável em sua vida. Coloquei inteligência e argúcia a serviço do progresso de sua carreira empresarial. Edgar sempre teve muito tino e iniciativa para os negócios, sempre foi sua vocação e eu impulsionei ainda mais o seu sucesso. Quando Ithan nasceu, nossa união se intensificou para oferecer a ele, tão frágil e doente, todo amparo e segurança de um lar. Ah, Ithan! Era tão amigo de todos nós!

– E continua a ser – respondeu Paolo, instantaneamente, como a captar a influência de Roberto. – Seria injusto imaginar que Deus nos impediria de continuar cultivando sinceros afetos, apenas porque estamos em dimensões diferentes.

Stefânia, surpresa, exclamou:

– Acredita mesmo nisso, padre? Interessante, falando assim, o senhor me fez lembrar o que ensina um amigo nosso, o dr. Debroisy. Mas ele é espírita, ao passo que o senhor é um sacerdote católico.

– Sim, mas isso não me fechou a mente para as verdades da vida. Sei distinguir as minhas convicções pessoais dos ensinamentos da ordem que abracei. Consigo conciliar ambas.

Ela, bastante espontânea e curiosa, ousou ir mais longe:

– Acredita, por exemplo, em reencarnação? Debroisy tem nos afirmado, com segurança, que Roberto, meu cunhado, voltou a este lar na personificação de Ithan. Mas como entender a sua passagem tão breve? Por que minha vida se arrasta sem sentido algum, ao passo que a dele se extinguiu ainda tão cedo?

Paolo, sob inspiração dos guias espirituais e recordando as lições de sua madrinha, esclareceu:

– Cresci ouvindo noções sobre reencarnação, possibilidade que ainda hoje não descarto. Várias vezes, quando algum membro da aldeia onde minha madrinha índia vivia decidia-se pelo suicídio, ela afirmava que um dia este retornaria à carne, num corpo deficiente ou por breve tempo, para corrigir o engano de se autodestruir. Dizia que o Criador permitia que assim acontecia, não por castigo, mas para que aprendessem a respeitar o sagrado dom da vida.

– Interessante! É exatamente o que Debroisy, com toda sua bondade e paciência, tentava me explicar, mas eu, inconformada como sempre, recusava-me a entender essas concepções, que agora me parecem tão verdadeiras!

Stefânia experimentava um refrigério para a alma. No entanto, via-se ainda um ar de desapontamento em seus olhos e ela tornou ao assunto que lhe afligia:

– Até hoje, quando aparece algum sinal do paradeiro de Susana, Edgar vai atrás. Há alguns anos a encontrou, mas não ao filho. Todavia, fala nele com extremado carinho, como se o tivesse visto crescer. Guarda para os dois, intocado, o imóvel que Roberto construiu para viver com Susana. Nunca se desfez dele, durante todos esses anos, na esperança de que a cunhada e o filho voltem a morar ali. Parece que o rapaz segue a vida religiosa. Mas o que me importa? Sinto-me perfeitamente dispensável a essa altura da vida. Sei que me destruo lentamente, apesar das advertências de amigos sensatos como Debroisy. Mas que gosto posso ter em viver se dediquei a vida aos meus filhos e ao meu marido, cujo afeto apenas usufruí em migalhas, ao passo que sempre foi pródigo em oferecer seus melhores sentimentos e emoções a quem se distanciou dele e permaneceu mais tempo como uma lembrança do que como companhia leal e dedicada como eu!

– Stefânia, nunca devemos nos arrepender pelo bem que fazemos! – sentenciou Paolo.

– Mesmo quando colhemos ingratidão, padre? Depositei todas as minhas expectativas nesse homem que parece ter apenas tolerado minha presença ao seu lado, como se me fizesse um favor, por ser magnânimo, como sempre se julgou!

– Talvez seja exatamente esse o ponto. Você tem buscado a felicidade onde ela não está: nas outras pessoas. – Vendo que ela se interessava, continuou: – Felicidade é um estado de paz interior. Você fez o bem e espalhou o amor não como um sentimento autêntico, mas como uma moeda de troca!

– Não, padre! Não é verdade! – contestou com veemência.

– Pense bem, Stefânia! Amar quem nos ama sempre foi fácil. Mas você foi convocada a amar mesmo sem ser amada plenamente e sofreu, porque a origem de sua felicidade não deveria proceder do que seus filhos e esposo fizessem por você, mas da dimensão do bem que você fosse capaz de fazer por eles!

Stefânia ouvia e meditava. As palavras do religioso faziam sentido. Ele parecia conhecê-la muito bem, mesmo lhe tendo sido apresentada há tão pouco tempo. Seus gestos e palavras tinham sobre ela e sua mente atribulada, uma influência benfazeja.

Agora não estava mais estirada no leito. Recuperara o ânimo e olhava, pela janela, o sol a se pôr no horizonte. Paolo aproximou-se, envolto pelo halo de luz intensa que costuma irradiar de todos os que buscam elevar moralmente seu semelhante. Com voz suave, comparou:

– Veja, Stefânia! O sol se recolhe e torna a nascer todos os dias e até mesmo em dias nublados, quando não notamos sua presença, ele está lá cumprindo sua tarefa de propulsor da vida na Terra. O mesmo ocorre com a felicidade que você diz não mais existir. Está apenas obscurecida no seu íntimo, mas continua a vibrar. Basta você despertá-la. Não desista, Stefânia, não desista nunca de ser feliz!

Emocionada, ela abraçava o religioso e chorava em abundância, como a querer se desembaraçar definitivamente de tudo o que lhe trazia pesar e todos os dissabores. Entre lágrimas, disse:

– Como, padre? Como ser feliz se já fiz tudo o que podia pelos outros, colhendo apenas dor e humilhação?

– Tem certeza? Há sempre mais a fazer pelos outros: pelos que não têm saúde nem um lar, pelos que vararam pela senda do crime; enfim, por todos os que anseiam por alguém que possa dedicar um tanto do seu tempo, do seu sentimento, de sua habilidade, para alcançar um estado melhor! É somente trabalhando ativamente na semeadura do bem, da maneira mais ampla que nos for possível, que alcançaremos a tão indispensável tranquilidade íntima, minha amiga.

Ela pensava em cada palavra que ouvia. Não fixara bem o rosto do frade, enquanto o abraçava. Retirava-se agora para a cômoda. Diante do espelho, decidiu dar uma chance a si mesma, optando por seguir o conselho do amigo que agia no sentido de tirá-la daquela prostração:

– Como posso começar, padre?

– Eu sei de alguém que está gravemente enferma e já manifestou o desejo de se entender com você. Não deseja partir deste mundo levando consigo ressentimentos. Quer muito perdoar e ser perdoada. Quer que você saiba disso. No entanto, precisamos ir até ela.

– E quem é, frei Lauro? Quem é essa pessoa?

– Ela vive hoje em Guaratuba. É sua antiga rival: Susana Morelli Yunes.

– O senhor a conhece? Foi ela que o enviou, como intermediário? Ela está doente?

Paolo respondeu calmamente às perguntas que se sucediam, sem dizer que se tratava de sua mãe.

Stefânia manifestou firme desejo de revê-la. O frade estava certo. Não havia razão para prolongar o estado de beligerância entre as duas.

Por fim, o sacerdote presenteou a enferma, que estava agora com uma expressão mais serena, com um pequeno livro de orações. Ela agradeceu. Sentia-se mais revigorada e confiante. A seguir, após um banho refazedor, desceria para providenciar, com esmero, a maneira ideal de recepcionar o visitante da forma que ele fazia por merecer.

Via que se tratava de um jovem, talvez da mesma idade de Reinaldo. Tinha-o em alta conta. Dedicar-lhe-ia um jantar especial. Sabia que sua permanência na casa seria curta, mas deixaria luz suficiente para que ela despertasse em si, novas forças, rumo à retificação!

O espírito Roberto Yunes, agora desembaraçado dos liames físicos que tolhiam sua visão ampla dos acontecimentos, mais uma vez se convencia da necessidade de cooperar na revitalização de relações bruscamente rompidas. Agia no sentido de, novamente, aproximar as pessoas que, por sua incúria e excesso de confiança, haviam resvalado para os despenhadeiros da dor, do arrependimento e do remorso. Era preciso ajudá-los a sair dos lugares sombrios por onde seguiam. Era mais do que chegada a hora de fazer triunfar a luz do entendimento. Roberto estava ciente do quanto havia sido urgente a reparação do erro contra si próprio, ao antecipar, de forma violenta, seu regresso à vida espiritual. Agora, era a vez de trabalhar a favor do fim das dissensões que, ao longo dos anos, haviam trazido tristeza e frustração à vida de todos.

Agora estava mais confiante e comentava sobre sua alegria aos mentores amigos que o acompanhavam. Tanto Martius como Alencar agradeciam a Deus ao observar que Paolo estava tendo êxito em sua tarefa com Stefânia. Restava agora saber se, passado o entusiasmo inicial com a providencial visita do frade capuchinho, ela manteria firme sua decisão de vencer a prostração e a inércia e dar à própria vida um rumo mais produtivo.

Os três amigos seguiam observando o desenrolar dos acontecimentos. Emocionante foi o encontro de Paolo com Edgar, que chegou ao anoitecer.

Stefânia descia as escadas quando, do alto, viu o esposo entrar abraçado ao frade, numa alegria nunca vista. Logo atrás, também sorridente, estava Reinaldo. Ao ver os três naquela animada conversação, ela se deteve no alto da escada, enquanto Edgar, recém-chegado, bradava com entusiasmo:

– Minha querida! Finalmente o recebo em minha casa! Graças a Deus, Stefânia! – E, diante de seu olhar estático, comunicou: – Este é meu filho... meu filho, Paolo.

Stefânia ficou subitamente muda. Não conseguia articular uma palavra. Só agora, vendo com atenção o rosto do rapaz, percebeu que, pela evidente semelhança dos traços, não poderia mesmo ser outra pessoa que não o filho desaparecido de Edgar e Susana. Aquele que ela quis manter a distância e que, não obstante, havia se aproximado dela no momento em que mais precisava, segurando-a para que ela não iniciasse queda ainda maior. Aquela mesma pessoa a quem ela dizia detestar e até amaldiçoar; fizera-se seu amigo mais compreensivo.

Ela, ainda perturbada, descia devagar, enquanto Paolo conservava o semblante sereno e o sorriso espontâneo de antes. Estavam todos diante dela sem saber o que dizer. Um silêncio imperava no ambiente. Stefânia olhava o fundo dos olhos do visitante. Em tão pouco tempo havia aprendido a estimá-lo. Ele, sem dúvida, cativara sua mais profunda afeição, mesmo sendo fruto de uma ligação que ela sempre abominou. Afinal, seria justo condená-lo? Se ela, Stefânia, não houvesse se intrometido poderosamente entre Edgar e Susana, certamente o moço teria nascido num lar harmonioso e feliz. Sua mente trabalhava rápido; ela precisava encontrar em si a forma mais correta e justa para agir.

De seus olhos brotavam lágrimas. Paolo, à vontade, perguntou, querendo quebrar o silêncio:

– Então, Stefânia, há pouco tempo você me abraçou, tendo-me como frei Lauro, seu amigo em quem confiou de imediato. E agora? Mudou alguma coisa saber que sou filho de Edgar?

Ela continuava calada. Tanto Reinaldo como seu pai pareciam mais ansiosos pela resposta do que Paolo. Mas também se mantinham discretos, sem interferir.

Stefânia, dando vazão às suas emoções, deu a conhecer sua decisão:

– Mudou, mudou sim a minha forma de pensar! Já não faço de você a imagem distorcida do passado! Agora o quero bem como se fosse meu filho, meu querido amigo!

Novamente, abraçou-se a ele, dando a entender que sua impressão anterior em nada se alterara em virtude da descoberta de sua verdadeira identidade. Estimava sua companhia, respeitava sua lucidez e desprendimento, impressionava-se com a maneira simples como ele se apresentava. O jovem esquecera mais uma vez de si mesmo, procurando priorizar a atenção a alguém como ela, enferma da alma. Só depois se preocupou em se dar alguma alegria ao conhecer pessoalmente o pai. Não vinha cobrar atitudes de ninguém, nem expressar ira ou inconformidade. Ao contrário, ajudara-a com a mente tomada por pensamentos sombrios, a clarear suas ideias e refletir melhor sobre suas emoções. E se ela estava ali, diante de todos, mais disposta para voltar a ser a Stefânia decidida, arrojada e eficiente de outros tempos, era graças à atitude decisiva do capuchinho, a apontar-lhe o caminho do reajustamento.

Por tudo isso, aquela noite na residência dos Yunes estava sendo muito festiva. Era uma sexta-feira, a temperatura estava bastante agradável, e os quatro, após o delicioso jantar organizado pela anfitriã, conversaram animadamente na varanda ampla e acolhedora. Edgar já havia decidido: o sábado seria só dele e de Paolo. Desfrutaria ao máximo sua companhia. No domingo, seguiriam para Guaratuba para visitar Susana.

Em meio à conversa, a mãe de Reinaldo, subitamente lembrou:

— De fato, não tenho, mesmo, estado nos meus melhores dias! Como não me dei conta disso antes! Será você, Paolo, o frade capuchinho que há alguns anos esteve neste jardim conversando com Reinaldo? Era você, Paolo?

— Sim, era eu mesmo, Stefânia. Foi-me permitido que eu aqui estivesse para conversar com meu irmão — e o sorriso natural se mostrou novamente.

Era a vez de Reinaldo interrogar:

— Até agora não entendi como isso foi possível, Paolo. Como conseguiu entrar e sair daqui sem ser visto por mais ninguém, somente por mim? Você ainda vai me explicar direitinho como isso aconteceu! — rematou com ar brincalhão.

— Certamente, Reinaldo! Um dia terei o prazer de lhe explicar tudo. Mas não agora. Já se faz tarde e eu preciso descansar um pouco. Uma boa noite a todos!

Paolo se retirou. Precisava ficar sozinho em seu quarto. Mal conseguia acreditar que estava prestes a dormir, pela primeira vez, na casa de seu pai, na companhia daquelas pessoas que agora o acolhiam com tanto amor, após o terem verdadeiramente detestado por tantos anos. Orava agradecido a Deus por Sua imensa bondade em permitir o encontro com a figura paterna e seu irmão, após tantos anos de desacertos e desconfianças. Orava por todos, inclusive por sua mãe, enferma em Guaratuba e por seus irmãos capuchinhos em suas mais variadas tarefas. Já sentia saudade da vida a qual se consagrara. Mas entendia que não poderia voltar às suas atividades eclesiásticas, temporariamente interrompidas, sem antes trabalhar para extinguir antigos conflitos que se arrastavam inutilmente.

Em meio às suas orações, percebeu a presença amiga e confortadora de Martius. Ele, com sua bondade e sabedoria, apresentava-se também contente com a maneira altruísta com que seu tutelado havia procedido. Dele emanava uma intensa vibração de paz e alegria. A expressão de Paolo também se iluminava, as lágrimas de emoção escorriam pelas faces e ele seguia agradecendo a Deus pela infinita alegria de poder testemunhar a seu lado, a presença de tão dedicado amigo, ainda ligado a ele pelos laços do indestrutível amor. Estava ali para comprovar que o amor por excelência acaba por preponderar em caráter permanente no coração das criaturas. O ódio, a revolta, a mentira, a maldade... tudo passa, tudo é temporário!

E como ensinava Paulo: *Agora estas três virtudes: a fé, a esperança e a caridade permanecem; mas, dentre elas, a mais excelente é a caridade.*[4]

---

4 São Paulo, 1ª Epístola aos Coríntios, cap. XIII, vv. 1 a 7 e 13 (N. E.).

No dia seguinte, como era seu costume, Paolo acordou bem cedo. Amava ouvir o canto dos pássaros logo ao raiar do dia. Era seu momento preferido para meditações. Pouco depois, Edgar foi ao seu encontro e eles saíram para um longo passeio aos lugares mais aprazíveis de Curitiba, aproveitando da melhor maneira o tempo que podiam estar juntos.

Antes, porém, uma parada se fazia obrigatória. Tanto um como o outro fez questão de se dirigir à Igreja localizada próximo à residência. Era um templo tradicional na cidade, mesmo local onde Paolo estivera com sua mãe, anos atrás, na primeira vez em que fora em busca do pai sem, contudo, lograr êxito. Edgar o apresentou ao pároco responsável, que já conhecia seu drama íntimo. Os dois assistiram à missa e ao fim ainda permaneceram mais um pouco naquele ambiente tão querido ao rapaz.

Edgar o fitava com respeito. Seu filho era ainda tão jovem, mas parecia ser experiente em conviver com as dores humanas. Parecia ter desenvolvido grande sensibilidade para lidar com os mais diversos conflitos. Tinha muita vontade de se certificar se ele, de fato, era feliz com a vida que escolhera. Queria saber o máximo a seu respeito. Para tanto, começou a falar de si mesmo.

– Meu filho! Quero muito que você acredite que não houve um único dia em que eu não tenha entrado aqui sem pensar em você e em sua mãe. Sempre os incluía em minhas orações, sempre pedia perdão a Deus pelos erros que cometi e que acabaram por impedir nosso convívio. E, principalmente, era aqui que eu renovava as minhas súplicas, na intenção de tê-los comigo! Nunca, Paolo! Nunca desisti de vocês, como alguma vez possa ter parecido! Por esse motivo, retorno a este lugar agora, nesta hora de extrema alegria.

O jovem, ouvindo-o com respeito, declarou:

– Eu entendo, pai. Este lugar também é especial para mim. Foi exatamente aqui que tomei a decisão de seguir a vida religiosa. Talvez suas boas vibrações tenham impregnado este ambiente. Senti-me tão acolhido naquele dia, tanto quanto agora – disse Paolo, enternecido com a sincera explanação de Edgar.

– Filho, você deve ter sofrido muito imaginando que sua vida podia ter sido muito diferente do que foi. Isso me causa perturbação.

– Não há por que, pai. Nunca imaginei uma vida diferente desta que tenho. Cresci em um lugar lindo, cercado de pessoas boas e amigas. Sentia-me livre, amado, compreendido. Talvez por tudo isso me dediquei a fazer com que outras crianças pudessem ter uma infância parecida com a minha. Pensei, por muitos anos, que meu pai havia morrido. Era o que minha mãe dizia a todos. Passei a ser adotado pelos pescadores, pelos trabalhadores artesanais, pelos colegas de minha mãe, enfim, vivi cercado de afeto. Não digo que um pai foi figura dispensável, não é isso. Quis conhecê-lo, e o senhor bem sabe. Digo isso para que não se atormente imaginando que sua ausência tornou minha existência um pesadelo. Não há razão para se afligir e trazer para si uma razão de sofrimento que não existe.

Ao ouvi-lo, Edgar se perguntava. Onde Paolo teria aprendido a esquecer de si mesmo para priorizar os outros? Conhecera pessoas generosas, sem dúvida, mas nunca havia conhecido alguém tão desprendido como o monge capuchinho. Uma virtude tão rara só podia se destacar aos olhos de um empresário que se acostumara a viver num meio competitivo, onde o importante era fazer prevalecer os próprios interesses acima dos demais. Ali, o filho que até então desconhecia, parecia mais preocupado em desfazer alguma impressão penosa e algum pesar que Edgar ainda conservasse consigo do que propriamente lamentar-se pela vida mais confortável que não tivera ou pela ausência de um pai legítimo ao seu lado.

Referia-se agora aos planos do rapaz para o futuro:

– Paolo, cogita mudar algum plano traçado em virtude do que aconteceu?

– Pretendo agradecer a Deus pela felicidade que nos proporcionou, trabalhando ainda mais em Seu nome – respondeu resoluto.

– Quer dizer que em vez de se revelar insatisfeito com um Deus que o manteve afastado de seus familiares por razões ignoradas, você se considera feliz por este breve contato que estamos mantendo e se dispõe a se doar ainda mais para obra do Criador?

– Não lhe parece a melhor coisa a fazer, pai? Quando somos beneficiados, a melhor forma de retribuir é beneficiando os outros. Devo, sim, consagrar minha vida a Cristo. Sinto-me cada vez mais feliz por agir assim. Muito tenho aprendido desde o dia em que tomei minha decisão de seguir a vida religiosa. Peço a Deus que me dê a alegria de ser um frade capuchinho até o último de meus dias na Terra! – declarou ele emocionado.

– É mesmo tão importante assim para você? Não haveria outras formas de se consagrar a Cristo, meu filho? – inquiriu Edgar, bastante interessado.

– Penso que não é esta a única forma. Consagram-se a Cristo aqueles que fazem o bem, desinteressadamente, dentro ou fora dos prédios das diversas religiões constituídas. Para mim, no entanto, essa tem sido a maneira que mais tem me servido. Por essa razão quero continuar.

Edgar notava que Paolo tinha dentro de si a autêntica grandeza, aquela magnanimidade legítima e não o simulacro de magnanimidade como era o caso dele. Quantas vezes acusara a si próprio por aparentar uma virtude que não tinha, colocar-se num patamar superior aos demais, para que o vissem e o admirassem na sua grandeza e desprendimento quando, de repente, tudo ruiu na primeira oportunidade em que se defrontou com seu desejo e viu-se incapaz de resistir a ele. No filho, porém, via as autênticas qualidades que sempre admirara numa pessoa. Isso o deixava feliz. Susana havia feito de Paolo um homem de bem, exatamente como lhe dissera anos antes.

Lamentava muito que ela estivesse agora com a saúde tão abalada. Aborreceu-se ao saber da atitude dela em mais uma vez ocultar de todos os seus problemas. Poderia ter se submetido a tratamento na capital, ter sido atendida pelos médicos mais conceituados. Isso talvez tivesse retardado a doença. Não precisaria se aproximar da família se assim não quisesse, mas poderia ter desfrutado de tratamento mais eficaz.

Teria sido inútil, informou-lhe Paolo. Os médicos diziam se tratar de um caso bastante raro, cuja intervenção cirúrgica não era recomendável nem mesmo nos hospitais mais avançados. Dizia que Susana já não estava tão apavorada com a enfermidade. Nos últimos dias, revelara notável disposição e o aguardava com Stefânia, no dia seguinte, na cidade onde morava.

Edgar e o filho saíram da igreja e passaram o restante do dia passeando por lindos recantos da capital paranaense. Retornaram no fim da tarde, ainda bastante animados.

Pouco depois de sua chegada, para surpresa dos dois, Reinaldo revelara sua intenção de também acompanhá-los na viagem do dia seguinte. Edgar concordou, mesmo sem entender a súbita mudança do filho.

Todavia, Paolo já presumia do que pudesse se tratar. E confirmou suas desconfianças quando viu Reinaldo, num banco do jardim da casa, a olhar fixamente para uma fotografia na qual apareciam ele, Paolo, Glauco, Jocelito e Inaê. Ali estava registrado o momento que antecedeu a partida da Ilha do Mel. Ao perceber a aproximação do capuchinho, o jovem declarou:

– Preciso vê-la outra vez. Sei que ela espera por seu retorno, fazendo companhia a sua mãe. Preciso falar com ela.

– Por que, Reinaldo? Pense bem no que o leva a Guaratuba amanhã! Não ignore que Inaê já tem um compromisso com este rapaz que está ao lado dela na foto. Não mude esta realidade se não estiver seguro do que se passa com você.

– Eu sei, Paolo. É justamente por esse motivo que preciso vê-la de novo e entender melhor o que se passa comigo. Por favor, não me diga que não, nem tente me fazer pensar diferente! Deixe que eu descubra por mim mesmo e veja se é isso, de fato, que ela quer para si. Preciso falar com Inaê para saber se é melhor me manter afastado. Por favor!

Vendo que era inútil dissuadi-lo da ideia, Paolo nada disse. Mas preocupava-se com seus pressentimentos. Sabia o quanto o pescador Jocelito amava a noiva e jamais admitiu nenhum outro homem a rondá-la. Presumia que Reinaldo, muito experiente e sagaz, havia notado que Inaê não tinha para com o noivo a mesma intensidade de sentimentos. Mas o frade sabia que esse não era o único obstáculo a superar. E por esse motivo desejava ardentemente que o irmão tivesse bastante segurança no que planejava fazer.

Era manhã de domingo. Um dia bastante agradável para se fazer uma viagem.

Susana, no jardim, irrigava algumas plantas. Dentro da casa, Inaê ultimava os preparativos, enfeitando o ambiente para a chegada de seu grande amigo Paolo. Era frequente agir assim. Todas as vezes que sabia de sua chegada iminente, corria para fazer alguma surpresa a fim de deixar sua estadia mais alegre. Desta vez, logo cedo foi providenciar as flores de que ela mais gostava.

Nem sempre Paolo conseguia avisar com antecedência a data de sua chegada, em meio a tantos compromissos como frei capuchinho. Mas Inaê parecia pressentir, e mais de uma vez foi até a casa de Susana para dizer de suas intuições. Não foram raras as oportunidades em que elas se concretizaram.

A bela índia cantava com espontaneidade. A mãe de Paolo sempre apreciou sua companhia, desde que era ainda uma menina. Acompanhara o drama que vitimara seus parentes, a formação que Iareci lhe dera, a forma como se comportava em relação às pessoas, sempre prestativa, leal e franca. Naqueles dias em que ali esteve, divertiu Susana com suas histórias engraçadas e pitorescas. Inaê há anos apreciava o vaivém de turistas que se deliciavam com as belezas da Ilha do Mel. Sempre ajudava Susana e outros ambientalistas na conscientização da preservação da natureza, desde sua infância. Tinha um carisma especial, um sorriso travesso e sua expressão de inocência encantava as pessoas.

Para a dona da casa, a indiazinha era mais uma filha querida. Gostaria muito que ela fosse feliz ao lado de Jocelito, a quem também estimava. Contudo, algo parecia apontar para destino diverso. Desde que conhecera Reinaldo, vez ou outra, em meio à conversa, a moça trazia o nome dele à tona. De início, Susana pensou ser um entusiasmo inicial, mas, estranhamente, parecia sentir que a história não terminara com a partida do velejador.

Inaê terminava de se arrumar e Susana, no seu pequeno, mas bem cuidado jardim, via a aproximação de um carro. Paolo foi o primeiro a sair e lhe dar um longo abraço. Como era bom tê-lo diante dos olhos! O simples fato de estar ao lado do filho amado já lhe revigorava as energias!

Estava também diante de Edgar, Reinaldo e Stefânia, a quem não via há vários anos. Permaneceram os quatro diante da casa enquanto Paolo entrou à procura de Inaê, que acabava de arrumar um vaso de flores sobre uma mesa. Ao vê-lo, correu em sua direção, expansiva como sempre, a gritar, entre risos:

– Chegou, meu querido amigão, meu padrezinho favorito! – e ao abraçá-lo, encheu o capuz de sua vestimenta com folhas e pétalas que recolhera das flores que arrumara.

– Inaê! – sorriu ele. – Você não consegue esquecer este meu capuz! Sempre acha algo para colocar dentro dele!

– Veja, Paolo, está ao seu gosto? Procurei caprichar. Não quero ir embora sem deixar a casa bem bonita para você e para dona Susana.

– Você vai viajar agora?

– Sim, já estou com tudo pronto. Mas me diga, Paolo, como está Reinaldo? E sua mão, melhorou?

– Não só a mão, mas ele todo diz estar melhor depois que a conheceu.

Paolo disse exatamente o que ela estava querendo ouvir. Mesmo assim, a índia, com seu ar maroto, sorriu desajeitada. Ele sugeriu:

– Se você não acredita no que eu lhe digo, pergunte a ele, que está à sua espera!

Inaê correu para a janela e lá estava, de fato, Reinaldo a lhe acenar.

– Mas Paolo... ele está com os pais!

– Sim, ele quer que eles conheçam a moça que tratou de sua mão. Venha comigo! Vou apresentá-la.

Inaê seguiu ainda hesitante, mas cumprimentou a todos com sua simpatia característica.

Paolo e Edgar saíram em seguida. Agora era a vez de o filho mostrar ao pai seus recantos preferidos na cidade. Inaê e Reinaldo ficaram conversando no jardim, aguardando a hora do embarque da moça. Stefânia e Susana se dirigiram para o interior da casa.

Sentaram-se para iniciar uma conversa, que custava a fluir com naturalidade. Pareciam ter tanto a dizer uma à outra e, no entanto, as palavras não vinham.

Stefânia olhava para Susana e sentia que o destino havia sido irônico com ambas. Ela imaginara a rival como uma figura imbatível, indestrutível, gigantesca a preponderar triunfante na mente do esposo. Contudo, Susana se afigurava frágil e vulnerável, praticamente vencida pela doença. Os mesmos modos gentis, o sorriso confiante e o olhar penetrante, contudo, ainda caracterizavam aquela pessoa que conhecera anos antes, como jovem arrebatadora de corações.

Por sua vez, a dona da casa custava a identificar a mulher dominadora e segura que também conhecera anos antes. Tinha diante de si uma figura empalidecida, abatida, com o olhar espantadiço. Era visível o fato de que Stefânia deveria estar passando por um intenso sofrimento íntimo. Já conhecera pessoas em condições idênticas, mas jamais poderia imaginar que alguém tão forte como a mãe de Reinaldo pudesse, um dia, se deixar abater com tamanha intensidade.

As antigas rivais, portanto, compareciam uma diante da outra, não mais no auge da beleza ou da juventude. Pareciam curvadas ante as injunções da vida, que lhes trouxera mágoas, remorsos, arrependimentos, doenças, vícios.

Após longa pausa, Stefânia confidenciou:

– Ah, Susana! Com que força eu a detestei todos esses anos! Lutei contra ti todo esse tempo. Nunca estiveste fora de minha casa. Sua presença continuou a ser constante e, talvez, até mais forte, porque nada pior do que lutar contra uma lembrança! Enquanto isso, parece que você viveu muito bem aqui, reconstruindo sua vida com teu filho, com seus amigos, com a profissão que ama... enquanto eu, prolongava minha agonia, criava um ambiente de guerra em minha própria casa. Quantas brigas e discussões causadas pela minha revolta em ver que Edgar não a esquecia! E você vivendo em paz longe de nós! Só agora vejo quanto tempo desperdiçado! Você nunca foi uma ameaça para mim!

– Quando cheguei aqui, estava ansiosa para trabalhar pela vida, Stefânia. Talvez porque a morte estúpida de Roberto tenha me marcado profundamente, decidi trabalhar por minha vida, pela de meu filho, pela sobrevivência das espécies que estavam ameaçadas. Com Ethel e outros colegas, trabalhamos exaustivamente em nome de parques e estações ecológicas, e a luta foi dura, mas valeu a pena! Não me arrependo. Se tivesse ficado naquela casa com vocês, teria enlouquecido, atormentada pela constante lembrança do sacrifício de Roberto, a quem sempre quis tão bem. Não me permiti mergulhar nesse abatimento porque meu filho precisava de mim. Não foi minha intenção fazer Edgar sofrer com minha atitude de privá-lo da companhia do menino. Se errei, foi querendo acertar. Hoje entendo que talvez tenha exagerado, mas o passado não se pode consertar, ao passo que o futuro sempre se pode construir com mais proveito.

Susana pronunciou a última frase com o olhar voltado para o lado de fora da casa, como a espreitar algo. O gesto inesperado chamou a atenção de Stefânia, que perguntou:

– A que você se refere?

– Ora, Stefânia, não vamos ficar aqui uma diante da outra remoendo velhos medos e angústias! No que isso poderá ser útil? Não é melhor lançarmos o olhar para o que está por vir? No seu caso, por exemplo... você tem Reinaldo, que, certamente, ainda vai lhe trazer muita alegria, cercando-a de netos!

A interlocutora sorriu, expressando não acreditar no que estava sendo sugerido e aduziu:

– Não creio, Susana. Reinaldo já se envolveu com várias mulheres, mas não acredito que se deixe envolver de fato por alguém. Meu filho é livre, gosta de sair em busca de aventuras diferentes... não acredito que possa vir a encontrar uma mulher que o compreenda e acompanhe seus gostos!

– Você pode não acreditar, mas não é impossível. Venha até aqui, veja com seus próprios olhos e me diga se tem a mesma impressão que eu tive.

As duas olhavam discretamente pela janela. No jardim, Inaê e Reinaldo conversavam tão atraídos um pelo outro que nem davam atenção ao que lhes cercava. Os olhares carinhosos e sorrisos que lançavam, deixavam evidente que algo muito forte os atraía. Stefânia passou a justificar a atitude do filho:

– Entusiasmo inicial! Inaê é uma bela mulher, diferente das outras com as quais ele está acostumado. Logo passa!

– E se não for tão passageiro assim? E se eles decidirem obedecer a atração que os une? O que você fará, Stefânia?

– Você deve estar brincando! Ela é uma índia... mal deve ter para se sustentar!

– Exatamente como eu pensava – concluiu Susana, sentando-se novamente. – Você está prestes a cometer no futuro, o mesmo erro do passado, que tanta infelicidade nos trouxe.

Stefânia nada disse. Não mais olhava pela janela. Meditava no que ouvira. E continuou atenta:

– Mais uma vez você pensa em afastar duas pessoas que se amam, porque isso a desagrada! Stefânia, peço-lhe somente uma coisa, se é que posso!

– Diga! Fique à vontade!

– Peço que prometa... não a mim, mas a si mesma, que não vai criar outra guerra na sua própria casa, tentando impedir seu filho e esta moça de se unirem, se assim desejarem. Não tente separá-los, por mais contrária que essa união possa ser aos seus planos. Pense bem! Isso fica como meu último pedido a você.

– Não fale assim, Susana! A ideia da morte me apavora, mesmo quando se trata de você, minha conhecida rival! – disse.

– Mas a mim já não assusta tanto! Amo a vida, mas se devo partir, quero acreditar que não há razão para ter medo!

Stefânia, que há tanto tempo estava descontente com a vida, indagou interessada:

– Viver é tão importante assim?

– Tanto que se eu pudesse, viveria mais. Mas você pode, Stefânia, pode viver intensamente ao lado do seu filho, do homem que ama e que sempre a amou, sim. Talvez não da maneira intensa que você idealizou, mas também a amou. Nos dias de hoje, ninguém é obrigado a permanecer ao lado do outro se assim não o quiser. E foi com você que ele viveu, cresceu, aprendeu, amou, sofreu, venceu esses anos todos! Continuem juntos, um fortalecendo o outro para as lutas da vida que são muitas! Ame cada vez mais e deixe os outros amarem também, Stefânia. Só assim você vai descobrir como é bom viver!

Stefânia, num gesto espontâneo, abraçou a mulher que estava ali, findando seus dias na Terra, mas ao mesmo tempo enchendo seu coração amargurado de esperanças para as alegrias que o futuro ainda viria lhe proporcionar. Havia viajado até Guaratuba para perdoar e para ser perdoada. Mas encontrara muito mais do que perdão. Encontrara, em meio aos escombros de uma relação desfeita, sincero desejo de paz, progresso e harmonia e experimentava agora, um novo gosto pela vida.

A PREDIÇÃO SE CUMPRE

A conversa amigável foi interrompida quando Inaê retornou para se despedir e levar sua pequena bagagem. Reinaldo, gentilmente, prontificou-se em acompanhá-la até a rodoviária. Stefânia estranhou a atitude do filho, mas nada comentou. Intimamente, começava a recear que Susana estivesse certa, e que algum envolvimento entre os dois viesse a se concretizar.

Enfim, a índia e seu novo amigo chegavam agora no ponto de onde ela deveria partir. O rapaz confidenciou seu desejo mais intenso ao declarar:

– Inaê, se eu pudesse, não deixaria você partir sozinha... tenho vontade de ir junto!

– ...e do outro lado encontrar um noivo ciumento a olhá-lo enfurecido? – aduziu ela com humor. – Não... não seria tão bom assim, Reinaldo. Se você quiser, mesmo, visitar novamente a Ilha do Mel, é melhor fazer isso outro dia.

Inaê fingia ignorar o que o moço estava insinuando. Ele, então, ousou indagar:

– Você sente, mesmo, vontade de voltar para o noivo que deixou na ilha?

– Ah, Reinaldo! Você bem viu o quanto Jocelito é bom e correto. Foi ele quem o socorreu naquela hora difícil em que você e seu amigo estavam praticamente à deriva!

– Isso não questiono. Jamais poderei esquecer. Sei que ele é um homem muito bom, que gosta de você, mas...

Reinaldo, por alguma razão, achou melhor silenciar. Se Inaê decidia-se pelo noivo, era melhor deixá-la partir sem externar os sentimentos que abrasavam em seu íntimo. Com o tempo tudo deveria se ajustar. Certamente, tratava-se de alguma empolgação passageira. A moça era tão bonita, sedutora, gentil e amiga! Cuidara dele num momento delicado, naquele lugar paradisíaco, e até o fato de não ser livre por estar prestes a casar com outro homem, estivesse a excitar sua imaginação. Assim, tudo poderia ser passageiro. Iria deixá-la ir e dar o rumo que quisesse à vida, sem interferir em nada.

A jovem, notando seu silêncio e um ar contrariado de quem quer partir, percebeu, naqueles breves instantes, o quanto ela também partia querendo permanecer ao lado dele.

– É hora de ir, Reinaldo! Obrigada por tudo! Quem sabe ainda tornamos a nos encontrar... ou seria melhor que não.

– O que você quer dizer, Inaê? Sente o mesmo que eu?

– Está bem, Reinaldo. Nunca consegui disfarçar! Também gostaria de ficar mais um tempo aqui, mas não posso! Tenho meu trabalho, meu noivo, os poucos parentes que me restam. Por tudo isso, é melhor nos despedirmos, definitivamente.

– Pense bem, Inaê! Vá e pense bem se é isso que você quer. Eu também vou fazer o mesmo. Mas acredito que em breve voltarei à Ilha do Mel. Você saberá quando. Saberá se deve ou não me encontrar e eu entenderei se você achar melhor fingir que não estou lá. Entenderei e partirei, sem mágoas.

Inaê se afastou, levando consigo uma intensa sensação de bem-estar. Nenhum dos dois sabia claramente como e por que sentiam o que sentiam. Apenas queriam ardentemente permanecer juntos. Contudo, era bom que tivessem, mesmo, mais tempo para pensar. E decidir pelo melhor.

As semanas que se seguiram ao encontro em Guaratuba foram bastante agitadas.

Paolo continuava ao lado da mãe, cujo estado frágil passou a exigir cuidados mais intensos.

Reinaldo, atendendo aos mais diversos compromissos em seu retorno de férias, esperava impacientemente pelo fim de semana. Era sua intenção dirigir-se para a Ilha do Mel. Inaê não saía de sua lembrança. Era a primeira vez que alguém o atraía com tanto vigor.

Não havia se esquecido dos conselhos de Paolo, pouco antes de seu regresso a Curitiba com os pais. Recomendava-lhe bom-senso, para que ele e Inaê não se ferissem nem se desiludissem por tentarem viver experiências tão decisivas!

Mesmo assim, o jovem empresário estava resolvido. Queria Inaê a seu lado, tanto quanto essa era a vontade dela. Para tanto, haveria de vencer os obstáculos que surgissem. Calculava o forte desagrado que o pescador Jocelito sentiria, mas faria de tudo para ficar em paz com aquele homem que o ajudara e a quem seria eternamente agradecido.

Mas não desistiria de sua vontade de se unir a Inaê. Assim sendo, partiu bem cedo no sábado. Passaria um fim de semana na ilha. O pescador soube de sua presença e não gostou nada. Redobrou sua vigilância sobre a noiva que, mesmo assim, esperta como sempre, soube do retorno do amado.

Não se atreveu, porém, a se aproximar. Não queria despertar a raiva de Jocelito contra Reinaldo. Fingiu não saber de nada e este, por sua vez, partiu entristecido da ilha no dia seguinte.

Estava desapontado. Quando chegou, imaginara que Inaê iria se apresentar sem mais demora. Devia estar assustada, pensou ele, não é tão fácil assim alterar planos já traçados.

"Era melhor esquecer, fingir que tudo fora um sonho bonito e nada mais. Por que insistir num relacionamento fadado ao fracasso?", ponderava ele. "Não! Era definitivamente inviável insistir. Como um homem prático como ele pôde embarcar numa tola fantasia?"

Seguiu, então, dando ritmo normal à vida quando o telefone tocou e ele atendeu. Era Paolo, avisando que, naquela madrugada, Susana havia desencarnado.

Imediatamente, Stefânia, Edgar e Reinaldo seguem para Guaratuba, a fim de acompanhar o velório. E lá, mais uma vez, Inaê se faz presente, com a serenidade e doçura tão próprias. Admirável, com sua conduta equilibrada mesmo diante da dor de perder sua grande amiga. Nem mesmo chorava. Parecia confiante na continuidade da vida. A todos acalmava com seu jeitinho meigo. Ao seu lado, o noivo, sempre atento.

Mais uma vez, Reinaldo achou prudente não se aproximar indevidamente. Observava de longe, mas sentia uma forte necessidade de estar com ela e desfrutar de sua companhia tão agradável. Inaê tinha uma maneira particular de encantá-lo, fosse com um sorriso, fosse com o falar, com a forma de gesticular. Tudo nela parecia atraí-lo. Mas valeria a pena insistir numa paixão tão improvável?

Também para Inaê era difícil ignorar a presença daquele homem tão sedutor, cheio de vida e alegria. Era tão diferente de Jocelito e de outros que conhecera. Por incrível que pudesse parecer, compartilhavam os mesmos gostos, apesar das gritantes diferenças entre eles. No entanto, nenhum dos dois sabia ainda o que iria prevalecer: as diferenças a afastá-los ou as semelhanças a atraí-los.

Dois anos haviam se passado desde o decesso de Susana. Iniciava-se a temporada de veraneio do ano 2001. Frei Lauro, ou Paolo, estava sentado em seu lugar preferido em uma de suas pausas periódicas das tarefas de Irmão Menor. Estava próximo ao Farol, na Ilha do Mel. Meditava no rápido e surpreendente desenrolar dos acontecimentos dos dois últimos anos. Pensava em suas tarefas com os demais capuchinhos, as crianças, os trabalhos com que cooperara nas mais diversas comunidades, enfim, a tudo que tinha sido alvo de sua atenção.

Paolo não tinha mais a mãe ao seu lado, mas sabia que ela estava muito bem. Na espiritualidade, ela se uniu a Roberto Yunes, seu antigo companheiro de lutas terrenas, e juntos eles seguiam trabalhando pelo aprimoramento e pela evolução.

Para ele, era motivo de alegria saber que também em Curitiba, na residência de seu pai, tudo se ajustara devidamente. Tanto Edgar como Stefânia dedicavam-se agora a uma instituição que cuidava de deficientes físicos com poucos recursos, aqueles que, mesmo tendo dificuldades e limitações muito maiores do que as de Ithan, não recebiam o mesmo conforto, a mesma assistência e o mesmo carinho que ele tivera a oportunidade de receber.

Nos últimos tempos, revelavam-se ainda mais felizes por terem se tornado avós de uma linda menina, chamada Taís, então com seis meses de idade. Taís nascera da união de Inaê e Reinaldo. Após vencerem muitas barreiras, ambos decidiram viver em Curitiba, e visitavam constantemente os lugares apreciados pela índia, locais onde ela passara a infância e juventude. Suas primas ainda viviam na Ilha do Mel. Naqueles dias, por exemplo, Paolo já sabia que tanto ela como Reinaldo e a filhinha iriam passar alguns dias ali.

Paolo orava por todos, projetava seus melhores sentimentos para as pessoas que desfrutavam de sua convivência, estivessem no plano físico ou no plano espiritual. E concluía suas orações experimentando intensa paz.

Caminhava agora pela praia, retornando ao local onde costumava se hospedar, quando, ao longe, viu a figura de Jocelito. Ele terminava de recolher seus apetrechos de pescaria e, ao ver o amigo de infância, saudou-o animadamente.

O frade capuchinho já sabia das mudanças de comportamento do rapaz, que se revoltara muito com a súbita decisão de Inaê em pôr abaixo todas as mais caras aspirações que ele alimentara durante a maior parte da vida para se casar com um outro homem. Ainda se ressentia muito com ambos e todos sabiam que, cada vez que o pescador tomava conhecimento dos planos do casal em visitar a ilha, entregava-se à farta bebedeira, como se assim se libertasse do pesar e do desgosto de ter os planos frustrados. Inaê, não poucas vezes, o havia procurado, tentando levar paz ao seu coração atormentado, mas ele se negava a qualquer aproximação. Dizia não querer piedade nem compaixão. Mesmo sua amizade era dispensada.

Há poucos meses, Jocelito casara-se com outra jovem da ilha. Ela o amava muito e procurava ter muita paciência com os desajustes do marido, que, a seu ver, em vez de deixar as feridas cicatrizarem, fazia-as ainda mais expostas a duros golpes.

Ciente do desequilíbrio daquele homem que, na infância, brincara com ele, Paolo interrompeu sua caminhada para lhe dar a alegria de uma palavra amiga. Ele, todavia, não parecia muito disposto a falar de suas angústias. Habilmente, o religioso tratava de outros assuntos até chegar ao ponto que pretendia. Subitamente, Jocelito, com olhar triste, revelou:

– Você está aqui porque sabe que "eles" chegam amanhã, não é?

Compreendendo a amargura que impregnava as palavras do pescador, Paolo respondeu:

– Você sabe que sim, Jocelito. E sabe também o quanto mal faz a si mesmo ao fugir do perdão e do entendimento.

– Perdoar aqueles dois? Nunca! – rebateu ele com olhar furioso. – Nunca vou esquecer o que me fizeram! Se eu soubesse que isso iria acontecer, que ele era um inimigo que destruiria o meu sossego, jamais teria trazido o safado aqui para a praia! Inaê também me surpreendeu muito! Nunca deu atenção a esses rapazes que chegavam aqui de passagem! Por que tinha de se apaixonar por Reinaldo, homem de costumes tão diferentes dos nossos? Por que sair da ilha, de onde disse nunca querer sair? Ah, Paolo, não consigo pensar diferente. Não consigo tirar esse peso de dentro de mim!

Era incrível como a mente de Jocelito parecia fixada no passado. Falava de eventos que haviam ocorrido há dois anos como se tivessem acontecido na véspera. Era a força das imagens se repetindo constantemente em sua memória. Parecia mais um escravo de si mesmo e das próprias lembranças. Paolo, com sua sensibilidade, percebia a escuridão na qual estava imersa a alma do querido amigo. Intimamente orava por ele, buscando a sintonia com as boas entidades. Foi quando percebeu, perto de si, a presença sempre confortadora de sua madrinha, Iareci. Ela também buscava ajudar Jocelito, mas ele, cercado por energias sombrias, dificultava qualquer luz a beneficiá-lo.

Depois de uma pausa que se seguiu ao desabafo do pescador, Paolo, agindo mais uma vez no sentido da conciliação, ponderou:

– Não dê guarida a tão maus sentimentos, meu amigo! Você está plantando ervas daninhas no coração. Você vive na imensidão do mar, vive do que ele produz, sabe da imensa bondade do Criador para com todos. Por que não lançar as redes e pescar o amor, o perdão, a tolerância? Reinaldo e Inaê vivem muito bem juntos, têm uma filhinha e continuam gostando de você. Se ela deu novo rumo ao barco da vida, após navegar por águas tranquilas e outras nem tanto, faça o mesmo! Não ponha sua embarcação no sentido da tempestade! Sabe o quanto isso é perigoso! Não arrisque a própria vida, não faça mal a você mesmo e a quem lhe ama por causa de um sentimento doentio que insiste em agasalhar...

As palavras de Paolo atingiam sua sensibilidade, mas ele se revelava contrariado e insatisfeito com o que ouvia. E respondeu com agressividade:

– Ora, o que você entende, Paolo, do que se passa comigo? Você, frei Lauro – mencionou com desdém –, é um homem santo! O que pode saber dos erros dos pecadores assim como eu! Sempre foi virtuoso e bonzinho. Se for para me dar sermões, padre, desista! É melhor fazer mais um de seus milagres e sumir da minha frente! Tenho ainda muito o que fazer!

Paolo, vendo que ele se mantinha refratário a qualquer orientação, julgou por bem não insistir e o deixou sozinho com seus afazeres. Seguiu, porém, triste ao ver que o amigo obedecia a tão sombrios pensamentos. Tornava a pedir ao Criador que amparasse a todos, sua querida Inaê, o estimado irmão, a sobrinha e, principalmente, Jocelito. Tivesse ele forças para expulsar de si todas as trevas que o envolviam perigosamente.

À noite, durante um desdobramento, ele conversou com a madrinha, Iareci, avó de Inaê. Ela o tranquilizou dizendo que ele havia feito o que podia para influenciar beneficamente o juízo do atormentado rapaz. Cabia a ele, agora, decidir se daria espaço aos bons conselhos ou se seguiria ainda pelos tortuosos caminhos do ódio e de irresignação.

No dia seguinte, com alegria contagiante, desembarcaram na Ilha do Mel Inaê, Reinaldo e a filhinha Taís. A mãe amava levá-la àquele local tão aprazível. Ali permaneceriam por alguns dias. Era uma manhã ensolarada e movimentada. Inaê, com a bebê nos braços, era recebida por suas amigas e parentes.

A esposa de Reinaldo, por vezes, custava a acreditar na reviravolta que ocorrera em sua vida depois de conhecê-lo. O sentimento que ambos demonstravam um pelo outro foi tão intenso, que, por mais repentino e inesperado que pudesse parecer aos outros a decisão de se unirem, para eles foi o único caminho possível.

Venceram, é claro, algumas resistências. Não só Jocelito se opôs. Também Stefânia, a princípio, não aceitou bem a ideia. Com o tempo, porém, foi se deixando conquistar pela nora, adorável criatura, que passara a se fazer muito estimada pelos sogros. Eram pessoas diferentes de tudo com o que ela estava acostumada. O círculo de amizades de Reinaldo era bastante amplo e ela passou a ser vista das mais variadas formas: alguns a viam como figura exótica, apenas por ser índia; outros se esforçavam por ignorá-la e outros tantos passaram a admirar sua simpatia e seu carisma e tornaram-se verdadeiros amigos. Um desses era Glauco, companheiro de aventuras de Reinaldo.

Quando Taís nasceu, só trouxe alegria a todos. Era um lindo bebê, com os olhinhos escuros da mãe e o mesmo sorriso do pai. Inaê a ninava todos os dias com antigas canções em língua nativa, para que desde cedo ela se acostumasse com sua origem indígena. Planejava a mãe, não distanciá-la de suas raízes. Queria vê-la brincar nos mesmos lugares que a encantaram na infância, desejo esse que o esposo entendia e concordava.

Para Reinaldo, o casamento com aquela mulher, que o atraíra tão fortemente, e o nascimento de Taís foram os melhores acontecimentos dos últimos anos. Muito se alegrava ao ver que tinha procedido com acerto e que, por mais extravagante que pudesse parecer a sua opção, assim mesmo não se arrependia. Arrependido ficaria se tivesse desistido de sua vontade de ficar ao lado de Inaê. Com ela, aprendera muito e passara a amar a vida com mais intensidade! Conhecera uma ótima companheira de viagens, já que assim como ele, a jovem esposa adorava velejar. Tão logo a filhinha crescesse mais um pouco, planejavam fazer mais incursões pelos mares.

Eram muitos os planos para um futuro, que prometia muitas alegrias. Assim que lhe foi possível, Paolo também foi visitar o irmão e a adorada cunhada. Encantou-se com a pequena sobrinha, que expressava saúde a vivacidade. Ficava feliz em vê-los unidos e traçando um caminho de entendimento e paz. Via a querida irmãzinha ao lado de um homem branco e lembrava do dia no qual, bem jovem ainda, ela lhe afirmara que a pessoa com que viesse a se casar viria do mar. Ficava satisfeito ao ver que ela encontrara amor, proteção e amizade entre aqueles a quem costumava acusar de eternos inimigos dos índios. Mesmo assim, por instantes, uma pontinha de apreensão costumava atacá-lo. Lembrava-se de Iareci e de suas últimas palavras para ele, seu afilhado: "Inaê vai conhecer um homem que será o começo de uma vida e o fim de outra!". Temia pelo que isso pudesse significar. Mas o sorriso da sobrinha a fitá-lo e a querer brincar com seu capuz, tal como fazia a mãe, parecia pôr fim a qualquer temor e inquietação.

Como sempre, porém, a chegada do casal à ilha despertava o desagrado de Jocelito. No dia seguinte, estava ele em um dos bares quando viu a aproximação de uma das primas de Inaê que levava consigo a pequena Taís. Ao vê-lo, a moça quis, instintivamente, mudar o rumo e se afastar, mas ele, ligeiro, apresentou-se diante dela. Com uma expressão estranha e assustadora, passou a examinar o bebê. Em seguida, diante de seus olhos atônitos, disse, com ar misterioso:

– É o neném daquela maldita mulher, não é? Aquela que me enfeitiçou! – E, empregando um tom amedrontador à voz, completou: – Era para ser minha. Mas quem sabe ainda não será?

A moça saiu correndo aterrorizada, assim que conseguiu. As testemunhas que viram a cena, recriminaram a conduta de Jocelito, que, contudo, parecia surdo a todos os apelos para que ele tivesse bom-senso. Passou o resto do dia a se embriagar e a dar vida a planos sinistros em sua mente perturbada.

Inaê, ao saber do acontecido, ficou assustada. Reinaldo achou mais prudente planejar a viagem de retorno, mas ela quis permanecer mais tempo. Jocelito nada tentaria fazer contra eles. Estava apenas enciumado e infeliz. Todavia, redobrariam o cuidado com a pequena.

Mais um dia se passou. Era cedo ainda quando Inaê saiu da pousada com a filhinha, sem despertar Reinaldo, que dormia profundamente. Queria aproveitar o sol fraco da manhã e passear um pouco com a pequena na praia. Talvez ainda pudesse encontrar Paolo em meio ao caminho, pois ele também gostava de fazer o mesmo.

Assim ela saiu, com a menina nos braços. Passeava despreocupada e distraída pela orla. Ao longe já divisava a figura do capuchinho, no alto do farol.

Estava tão embevecida com a visão que nem viu de onde surgiu o vulto que passou a segui-la. Era Jocelito, que gritava impropérios e avançava, ameaçando-lhe roubar a filha. Inaê saiu correndo apavorada. Corria o mais rápido que podia, mas Jocelito não desistia. De súbito, passou a rememorar o mesmo dia em que ela, criança ainda, fugia com alguém de uma perseguição que redundou na morte de seus pais. Ao manter certa distância dele, conseguiu se aproximar de Paolo, que vinha ao seu socorro. Deixou a pequena nos braços do amigo, rogando para que ele cuidasse dela. Ele tentou interferir, mas foi em vão. Tanto Inaê como seu perseguidor corriam como se nada fosse capaz de detê-los.

O capuchinho rumou rápido com a criança, que chorava, para um lugar seguro. Avisado do que acontecera, por outras testemunhas, Reinaldo saiu atrás da esposa a fim de impedir o perseguidor.

Ele, por sua vez, parecia totalmente fora de si. Movido por uma força impressionante, Jocelito não só conseguiu alcançar Inaê como agora a dominava com furor. Espancava a jovem brutalmente e ela não conseguia escapar de sua fúria. Estava propenso a destruir o objeto de sua mais cara afeição, agora transmutada em ódio.

Estava em vias de se tornar ainda mais violento quando, de súbito, Reinaldo arrojou-se contra ele, afastando-o de Inaê. Ela, ainda atordoada, permaneceu chorando onde estava. Os dois entraram em luta corpórea, na qual, aparentemente, Reinaldo conseguia vencer o opositor. Ele gritava para que Inaê saísse dali.

E foi então que ela, ao tentar sair correndo, foi ferida por uma faca que Jocelito arremessara contra suas costas, perfurando seu pulmão. Inaê caiu, estonteada e com dor aguda a lhe minar as forças. Reinaldo mal conseguia acreditar no que via e correu para ampará-la. O agressor, apavorado, gritava e corria como louco pela praia, perseguido por uma turba que testemunhara o ato infame.

A faca, arremessada com pontaria precisa, lesara de tal forma a vítima que ela dispunha de poucos minutos de vida. Todavia, Reinaldo lhe dizia:

– Inaê, você vai ficar bem. As ervas curam qualquer ferimento!

As lágrimas brotavam em abundância das faces dela, ao recomendar:

– Cuide de Taís, faça o que eu faria, cuide dela!

– Celerado, infeliz. Por que não me matou? Há de pagar com a vida!

– Não diga isso. Prometa que não deixará ninguém fazer mal a ele, deixe-o ir!

– Mas, Inaê...

– Eu o perdoo porque aprendi a amar quando o conheci.

Foram essas as últimas palavras de Inaê. Lá adiante, Jocelito era praticamente arrastado de volta por dois homens que o tinham capturado. Paolo, sem entender bem o que se passara, aproximou-se tentando impedir violência maior contra o infeliz assassino. No entanto, todos só cessaram de agredi-lo quando o próprio Reinaldo, entre lágrimas, bradou, ainda abraçado ao corpo da esposa:

– Nada façam, deixem-no ir. É um pedido de Inaê! – E com os olhos fixos no assassino, gritou: – Vai, infeliz! Fique com a imagem da criatura que matou e ainda assim foi capaz de perdoá-lo! Vai e viva com isso a atormentá-lo pela eternidade! Saia daqui!

Jocelito saiu em desabalada carreira. Pegou o barco em que trabalhava e saiu sem rumo para alto-mar. Continuou sendo procurado, mas só bem mais tarde seu corpo foi encontrado. Ele se suicidara logo depois de cometer o assassinato!

Depois das providências legais cabíveis num caso de triste desfecho como esse, foram realizados os funerais de Inaê, de acordo com os rituais de sua tribo. Sepultaram-na ao lado de sua avó, Iareci, e de seus pais.

Suas primas afirmavam que ela havia sido um arco-íris que passara pela vida de Reinaldo, brilhando e colorindo o céu nublado por fugidios instantes, mas inesquecível e marcante para a visão humana. Diziam a ele que certamente ela não gostaria de vê-lo derrotado e abatido pelo que acontecera. Se ela teve forças para perdoar a crueldade do infeliz Jocelito, que ele também tentasse fazer o mesmo, afinal, todos diziam: "pela sua forma estranha de agir, pela força descomunal que apresentava, o pescador só podia estar possuído pelas trevas. Já Inaê, se alguma culpa possuía, completou seu resgate muito bem".

Eram essas as noções salutares que os índios e seus descendentes tentavam transmitir ao arrasado esposo. Mas ele, com a mente atribulada, nem tudo registrava com clareza.

Em poucos minutos, sua vida sofreu profundo abalo, tal como um terremoto a atingir uma cidade, pondo abaixo o que ela tem de mais precioso. A outra recomendação das moças era que ele providenciasse uma ama de leite para Taís e não suspendesse sua amamentação. Segundo elas, foi pedido da própria mãe da menina, dias antes, como se suspeitasse que algo pudesse lhe acontecer.

E assim foi feito. Reinaldo, acompanhado pela mãe que ali compareceu o mais breve que pôde, retornou para Curitiba, providenciando, em seguida, uma ama de leite para a filha. Precisaria muito ainda da ajuda dos pais a confortá-lo numa etapa tão sofrida de sua existência.

Logo depois do funeral de Inaê, realizado no local onde ela nascera, uma forte tempestade se abateu sobre a Ilha do Mel. Fortes ventos sopravam, como a querer limpar os fluidos densos e deletérios provocados pela atitude insana de um rapaz que se deixara dominar por forças nefastas e cruéis.

Tudo indicava que o próprio Jocelito havia se arrependido duramente de seu ato. Tanto que não viu alternativa a não ser atentar contra si mesmo, na ilusão de fugir de penas mais severas. Sua esposa não cessava de chorar, desconsolada por sua perda e por todo o mal que ele causara a si e aos outros. Estava amparada pelos amigos e também por Paolo, que foi ao seu encontro para levar-lhe uma palavra de alento e dizer-lhe que a própria vítima havia tentado protegê-lo da fúria daqueles que, inadvertidamente, queriam tomar a si o ato de fazer justiça. Que todos confiassem em Deus, pois dali para a frente tudo se ajustaria da melhor maneira!

Assim que regressou do velório de Jocelito, Paolo, com as roupas encharcadas pela chuva que começara, chegou ao seu quarto na pousada. Depois de um banho quente, tentava repousar um pouco das fortes emoções que sofrera. Mas uma tempestade íntima também o afetava.

Ali, sozinho consigo mesmo, Paolo chorava em profusão. Lágrimas abundantes molhavam seu rosto. Não era a primeira vez que sofria ao ver alguém tombar covardemente, com a vida ceifada por outrem, tomado de ira e ressentimento. Infelizmente, já assistira a muitos quadros tenebrosos como aquele, mas não suportava a ideia de ter sua tão amada Inaê como vítima da sanha de um homem descontrolado.

De certa maneira, Paolo se culpava. Ao longo do tempo, tinha ajudado muitas pessoas a buscarem em seu íntimo a solução para seus conflitos. Muitos lhe agradeciam e ficavam amigos por toda a vida ao sentirem o refrigério de suas palavras lúcidas, tocantes pelo autêntico sentimento cristão que as impregnava. No entanto, sentia que falhara clamorosamente com Jocelito. Justamente com ele, no momento mais preciso.

Paolo recriminava-se. Dias antes havia estado com o rapaz e, ao perceber as sombras que o envolviam, tentou clarear seus pensamentos. Entretanto, porque o pescador lhe dirigiu palavras duras e zombou de sua sinceridade, ele julgou melhor desistir e sair do local, deixando-o quando, a seu ver, poderia ter insistido mais, conversado com ele o restante da tarde, se preciso fosse... desde que conseguisse ser bem-sucedido na tarefa de dissuadi-lo de qualquer propósito de vingança.

O religioso, sempre tão dedicado aos seus labores missionários, aprendera a desenvolver uma fé sólida no Criador. Mais de uma vez, com o amor a extravasar-lhe perante todos, conseguira desarmar mal-intencionados e acalmar os ânimos mais acirrados. Mas por que não conseguira um bom resultado com aquele que viria a se tornar o algoz de sua mais querida amiga, quase irmã de sangue? O que Deus queria lhe mostrar com isso?

Paolo, com o peito opresso, chorou muito. Estava curvado sob o peso de terríveis impressões. Contudo, à medida que acalmava o turbilhão íntimo, conseguiu distinguir a figura veneranda e respeitável de seu grande amigo e orientador espiritual, Martius.

Os dois passaram a conversar:

– Que bom o senhor estar aqui nesta hora! – saudou o tutelado com alegria. – Apenas lamento que hoje, pela primeira vez, tenho de lhe dizer que não me sinto preparado para executar nenhuma tarefa daquelas que costumamos realizar em nome da bondade de Deus! Perdão, meu bom amigo, mas sinto-me fraco e arrasado demais para prestar qualquer colaboração!

A entidade, irradiando intensa luminosidade, esclareceu:

– Está bem, Paolo. Hoje não teremos nenhuma tarefa a exigir sua cooperação. Apenas coopere consigo mesmo!

– Como assim, Martius? – indagou o rapaz confuso.

– Lembre-se do que você tem ensinado aos outros em momentos graves como este e aplique a si mesmo. Quantas vezes você tem se lembrado da importância de não se viver preso aos erros do passado, não exigir de si o que ainda não pode oferecer, não se acusar pelo bem que não se conseguiu fazer, apesar de tentar de todo o coração? Não se atormente com o passado e não ponha sobre seus ombros um peso que não pode carregar.

– Quer dizer, então, meu bom amigo, que eu não devo me sentir culpado pelo que aconteceu a Inaê e a Jocelito que se deixou arrastar pelas trevas?

– Sua madrinha já lhe disse que você fez o que pôde por Jocelito. Ele, infelizmente, não foi sensível aos bons conselhos. No entanto, não está desamparado pelo Criador.

– Oh, Senhor! Tende piedade de nossas almas errantes! – clamou Paolo, de joelhos, com as mãos elevadas aos Céus.

Martius, com sabedoria e amor, revelou a seu assistido:

– Inaê está agora sob os cuidados de Iareci, no plano espiritual. Siga confiante, Paolo! Você está triste, é natural. Mas creia em Deus acima de tudo e, com o tempo, encontrará as respostas para muitas das indagações que agora faz. Vai se lembrar de fatos que vão ajuda-lo a entender este acontecimento de outra maneira. E assim, poderá continuar fortalecendo o ânimo de seus companheiros, como tem procurado fazer até aqui! Fique em paz, meu amigo!

A visão de Martius se desfez. Paolo agora já não se sentia mais tão desolado. Desde que conhecera o protetor invisível, aprendera inestimáveis lições com ele. Nos momentos mais cruciais, ele revelava sua elevada sabedoria, incutindo-lhe noções importantes para que não arrefecesse suas energias nem desistisse de seus propósitos. Toda vez que a entidade veneranda aparecia diante dele, ele o seguia confiante para os lugares onde era solicitado, feliz em ser útil. Em outras tantas, como aprendiz que se sentia diante do mestre, escutava suas ponderações e conselhos.

Paolo, por vezes, dizia a si mesmo sobre a vontade de contar a todos sobre as maravilhas realizadas por espíritos como aquele, no intuito de fazer brilhar o entendimento e a luz nas mentes mais perturbadas, redundando, muitas vezes, no reequilíbrio das forças orgânicas. No entanto, o próprio Martius seguidamente lembrava-o da importância de manter sigilo sobre o trabalho desenvolvido, justamente para que ele fosse bem-sucedido. Paolo lamentava, mas obedecia. Nem sempre entendia como tudo aquilo era possível, mas sabia que servia, com os recursos mediúnicos que possuía, à vontade do Criador e isso lhe bastava!

Os novos amigos

Cerca de dois meses após o desencarne de Inaê, novamente Paolo e Reinaldo se encontraram, desta vez em Curitiba.

Sempre que possível, o frade capuchinho visitava o pai, a esposa e o irmão, que continuava morando na casa onde vivera com sua amada. Era uma ampla e confortável moradia, onde a pequena Taís cresceria bem próximo à natureza, ao verde exuberante. Originalmente, a casa havia sido projetada por Roberto Yunes. Por conta da morte de Susana, o imóvel ficou pertencendo a Paolo, que a transferiu para Inaê como presente de casamento. Fez isso por temer que a união com Reinaldo se desfizesse e a sua grande amiga ficasse desamparada. Assim, com a segurança de um teto, ela poderia dar novos rumos à vida, se assim o desejasse.

Felizmente, os dois pareciam estar vivendo uma união harmônica, na qual imperava o amor verdadeiro. Edgar estimava ver o filho feliz com a esposa, pondo fim à trajetória de ligações afetivas malsucedidas ou marcadas por dissabores que até então atingiam os membros da família Yunes.

Mal sabia Edgar que o filho estava prestes a repetir a mesma experiência que ele vivera no passado. Reinaldo já havia sentido a mesma culpa por ocasião da morte de seu irmão, Ithan, tal qual acontecera ao pai. Agora, não mais estava ao lado da mulher que realmente amava, tendo sido brutalmente separado dela. Havia somente a pequena Taís, única capaz de manter viva a sua vontade de avançar. Experiências semelhantes, sem dúvida. Bastante desafiadoras para um pai inexperiente como ele. Mas era um guerreiro. Haveria de vencê-las.

Era justamente sobre isso que Reinaldo e Paolo conversavam, bastante à vontade, na varanda da casa de Reinaldo:

– É sempre uma alegria para mim tê-lo aqui, meu monge! – comemorava o anfitrião.

– E para mim, é muito bom ver o meu irmão guerreiro seguir a vida com coragem!

– Ah, Paolo! Sou um guerreiro apaixonado, que sem a amada ao lado, sente-se mais fraco. Já não sou tão decidido nem tão imbatível!

Paolo fez uma pausa, como a lembrar de sua conversa com Martius, logo após a morte da amiga. De fato, passado algum tempo, ele, tal como dissera a entidade, encontrou em si a resposta para muitas dúvidas que o atormentavam. Por essa razão, no intuito de proporcionar o mesmo alento ao irmão, que se dizia tão fragilizado diante de duro golpe, indagou:

– Reinaldo, traria alguma consolação a você se eu lhe afirmasse, com segurança, que Inaê já estava preparada para o que viria?

– Você fala dos pesadelos que ela tinha, da sensação de ser perseguida e não conseguir escapar... das desconfianças que tinha em relação ao homem branco? Acha, mesmo, que isso mostra sua capacidade em prever a própria morte?

– Sim... várias vezes eu lembro que ela me dizia: "Da primeira vez eu escapei com vida, não sei se escaparei da segunda". Eu tentava tirar essas ideias sombrias do seu pensamento, mas ela parecia sentir.

– Até mesmo que não criaria a filhinha... Por duas vezes me falou a respeito, mas eu nem sequer a deixei terminar a frase. Assim como você, tentava tirar dela essas impressões tão desagradáveis – rememorava o esposo.

Ambos pareciam concordar que, de alguma forma, Inaê sempre soube da provação que enfrentaria e quando ela chegou, portou-se com coragem. Sempre que o assunto extrapolava o limite dos sentidos materiais, Reinaldo lembrava-se de um velho e querido amigo, o dr. Augusto Debroisy, que muito o havia elucidado com seus conhecimentos espíritas. Lembrou-se do que ele lhe dissera a respeito de Jocelito:

– Debroisy me disse, Paolo, que Jocelito se deixou envolver por entidades perversas e que poderia ter reagido de outra forma a essa influência maléfica. Não praticou o crime totalmente destituído da razão, foi também culpado por dar espaço à ação vingativa das tais entidades. Não sei se você me entende, talvez não concorde muito com meu ponto de vista, afinal, é um sacerdote católico e sua religião tem outra ideia sobre a vida depois da morte.

Paolo sorriu. Ninguém poderia imaginar que ele estava muito mais a par desse assunto do que muitos pudessem supor. E foi, então, que explicou:

– Sempre tive minha convicção própria a respeito da continuidade de nossas relações afetivas depois da morte corpórea. Preservei minha maneira de pensar, apesar de me filiar a uma ordem religiosa que não compartilha da minha opinião. Pode parecer estranho, mas tenho convivido bem esses anos todos, por mais paradoxal que possa parecer.

– De fato, Paolo – concordou Reinaldo –, só mesmo uma pessoa de caráter tão elevado como você poderia conseguir conciliar o que para muitos é inconciliável!

Riram-se os dois do trocadilho, mas prosseguiram a conversa. O rapaz, que havia sido surpreendido pela dolorosa viuvez, indagou:

– Acredita, então, definitivamente, que Inaê está feliz, em algum lugar, mesmo longe de nossa convivência, que segue a nos amar e quem sabe um dia, ainda tornaremos a nos encontrar? É isso, Paolo? – concluiu, à espera de uma confirmação.

– É exatamente isso o que penso, Reinaldo. Sei que é assim. Nosso espírito trabalha melhor liberto do corpo físico.

Outra dúvida assomava a mente inquieta de Reinaldo. Tempos atrás, o irmão lhe afirmara que um dia lhe falaria sobre o tema. A seu ver, era chegada a hora:

– É verdade o que o pessoal da ilha conta, que você é capaz de estar em dois lugares diferentes ao mesmo tempo?

– Sim, tem acontecido, mas muito raramente. Não é tão comum como as pessoas costumam comentar! Chama-se a isso de bicorporeidade.

– Então, foi assim que você pôde vir conversar aquela noite, no jardim de minha casa, quando eu estava abalado por causa da morte de Ithan?

– Essa talvez seja a confirmação que você me pede sobre a independência do espírito em relação ao corpo físico. Você viu minha alma desdobrada de meu corpo, que estava a quilômetros daqui, ligada a ele apenas por um cordão fluídico. Os amigos que cooperam comigo conhecem técnicas pelas quais sou capaz de me tornar tangível por alguns instantes. Você vê só a mim, mas eu nunca estou sozinho!

– E as pessoas que vêm com você são espíritos! Notável, Paolo! – exclamou, Reinaldo, extasiado pela revelação.

– Certamente seu amigo espírita tem mais informações sobre o assunto – ponderou o religioso, vendo o espanto do irmão, que, por sua vez, foi rápido ao se lembrar da possibilidade de promover um encontro entre os dois.

– Paolo, o dr. Debroisy ainda permanece com a esposa na casa da filha que mora aqui em Curitiba. Gostaria de conhecê-lo? Tenho certeza de que apreciaria conversar com ele!

– Você sabe que minha permanência será curta na cidade. Logo devo partir, mas se for possível o encontro, sim, gostaria muito de conhecê-lo.

Reinaldo então telefonou ao amigo médico para confirmar o dia e a hora em que poderia, mais uma vez, desfrutar de sua adorável companhia. E pensava agora na importância de ter pessoas tão amáveis perto dele, a erguê-lo e encorajá--lo nas horas difíceis!

Os velhos amigos

Paolo era uma amizade recente na atual existência de Reinaldo, que admirava muito a sensatez e o companheirismo de alguém a quem passara maior parte do tempo rejeitando. Arrependia-se dessa sua atitude em demorar a reconhecer o irmão que tanta alegria lhe trazia ao convívio. Ele, por sua vez, não guardava um só traço de ressentimento pelo que Reinaldo lhe fizera. Entendia as razões que o levaram a proceder assim e procurava, acima de tudo, manter-se unido e leal, como fazia naquele momento.

Edgar, ao vê-los juntos, encantava-se com o excelente relacionamento dos meio-irmãos. Ambos se entrosavam tão bem, que parecia ter sido criados juntos e se conhecer desde sempre.

Era exatamente nisso que Reinaldo pensava naquele instante em que velava o sono da filha, a pequena Taís, de bochechas rosadas, adormecida no berço. Fazia a sua oração, pedindo a Deus que a amparasse sempre e não o deixasse sucumbir diante das adversidades. Queria muito ser um pai amoroso, justo e equilibrado em suas decisões. E que Inaê, onde estivesse, também fosse abençoada pela proteção divina.

Subitamente, ele sentiu a presença de alguém bem próximo colocando as mãos sobre as suas. Apoiava-se no cercado do berço e um forte calor percorreu seu corpo. A forte sensação durou alguns minutos, e Reinaldo estava seguro de que Inaê havia ido visitar a filha e a ele.

Ficou em silêncio, as lágrimas escorreram, o pensamento dirigiu um agradecimento a Deus pela sublime ventura em saber que a querida mãezinha de Taís estava bem e ainda mantinha contato!

No andar térreo, Paolo se preparava para rumar a seus aposentos quando sentiu um estranho peso em seu capuz. Viu, então, que dentro dele estavam colocadas algumas pétalas de crisântemo, cuja origem e o modo de como foram parar ali, ele ignorava completamente. Tirava as pétalas sem deixar de se lembrar das brincadeiras de sua querida amiga Inaê.

E foi, então, que, do alto da escada, um vulto impreciso de mulher passou a se configurar diante de seus olhos. Era a adorável Inaê, que lhe sorria outra vez. Ele, emocionado, mal conseguia articular palavras. Não era a primeira oportunidade em que um amigo retornava do mundo dos espíritos para lhe dar notícias. Mas ela era uma figura tão cara a seu coração, que sua presença o sensibilizava profundamente. Ela disse:

– Trouxe-lhe algumas flores do jardim... transportei-as para dentro de seu capuz como sinal de que nossa amizade sempre vai permanecer, não importa a dimensão em que nos encontremos!

– Ah! Você veio hoje, porque viu que falávamos a seu respeito. Foi atraída por nossos pensamentos...

– Vi que falavam sobre mim com muito carinho e respeito e isso sempre ajuda muito as pessoas nas minhas condições. Estou me esforçando, Paolo, estou sendo muito ajudada no plano onde estou. Como você tantas vezes me disse, nunca somos desassistidos pelo amor de Deus!

Inaê passou a cantar, em língua nativa, a música que Paolo tanto apreciava e se foi, levando consigo a alegria de poder visitar os seus e vê-los em paz.

No dia seguinte, a primeira frase de Reinaldo, ainda no desjejum foi:

– Paolo, ontem ela esteve aqui.

Para sua surpresa, ele confirmou:

– Eu sei, eu a vi e ela falou comigo!

Ao esposo enternecido, relatou como ocorreu o encontro com aquela que os homens diziam estar morta, mas que vivia ainda com mais liberdade de ação do que se estivesse encarcerada na matéria densa.

E assim, com o ânimo renovado e a alegria estampada no rosto, os dois seguiriam rumo à casa de Míriam, filha de Augusto Debroisy. Ela estava recebendo a visita dos pais, era casada e vivia com os dois filhos. Há muito tempo conhecia Reinaldo e era com imensa satisfação que o acolhia, bem como a Paolo.

Os três conversavam na sala e aguardavam a chegada do médico. Quando ele chegou, dirigiu-se primeiro ao filho de Stefânia, em efusivos abraços. A seguir, porém, ao deparar com a figura do frei capuchinho, exclamou, surpreso com o que via:

– Não... meus olhos não me enganam. Era você, sim, era você, mesmo, aquele dia no hospital...

Paolo, com a calma habitual, anuiu:

– Sim, dr. Augusto, o senhor está certo. Era eu, mesmo, tanto numa quanto na outra vez em que nos encontramos.

– Ah, então já se conheciam? – indagou Reinaldo. – Por que não me disse que já era amigo de Debroisy?

– Porque eu não sabia que era a esse médico que você se referia. Já trabalhamos juntos em situações especiais. Ele muito tem colaborado com meus amigos, aqueles de quem lhe falei.

Reinaldo então parecia estar entendendo melhor, embora ainda permanecesse à espera de maiores explicações.

Debroisy estava a se refazer do susto inicial. Estranha a forma como olhara Paolo. Parecia estar achando que via um fantasma ou um ser sobrenatural. Talvez, lembrou o pai de Taís, se tratasse do mesmo fenômeno que anos antes ele mesmo testemunhara e cujo nome não vinha à sua memória. Contudo, assim que ficaram sozinhos, Reinaldo pôde ouvir Debroisy pronunciar o tal nome:

– Bicorporeidade! – salientou ele. – Então, você é um homem duplo, Paolo?

– Sim, já há alguns anos participo de atividades de socorro a enfermos, principalmente os doentes da alma. Mas sempre em condições especiais. Não depende unicamente de minha vontade. Às vezes, meus amigos espirituais fazem com que eu me corporifique e me torne visível. Outras vezes, isso não é necessário e eu faço apenas o desdobramento durante o qual guardo lembranças nítidas em algumas ocasiões, a depender da natureza do trabalho, outras, nem tanto.

– Impressionante ouvir esse relato. Em nosso Centro Espírita uma das médiuns se desdobra e narra os lugares que visita em atividade socorrista ao lado de um padre jesuíta que se apresenta como Martius.

Agora foi a vez de Paolo se surpreender:

– Martius, o senhor tem certeza de que é esse o nome? Ele já tem se apresentado a vocês?

– Sim, ele já nos deixou uma mensagem psicografada, a qual ainda guardo.

– Posso vê-la? – inquiriu Paolo.

Naquele instante, porém, não foi possível mostrá-la. Augusto tinha a mensagem guardada em sua casa, em Londrina, mas assim que retornasse enviaria uma cópia ao novo amigo. Era a primeira vez que o capuchinho via referência ao mentor espiritual com quem atuava havia vários anos. Sabia de outras atividades que contavam com a experiente cooperação de Martius, mas conhecer seu trabalho com outras pessoas era muito gratificante.

A conversa continuava e, naquele ponto, Reinaldo deixava de ser apenas um espectador e passara a interferir, buscando saciar a curiosidade:

– Afinal, como vocês dois se conheceram?

Debroisy, com serenidade, relatou as duas ocasiões em que, por rápidos instantes, esteve próximo do frei, pensando tratar-se de uma aparição.

– A primeira vez – iniciou ele –, eu estava indo visitar uma paciente no pós-operatório, depois de uma delicada cirurgia cardíaca. A paciente havia sido internada às pressas e seu estado era muito grave. Felizmente, quando recobrou os sentidos, estava com uma fisionomia bem tranquila. Disse-me estar feliz por ter recebido a visita de frei Lauro, seu amigo. Eu não estranhei, porque tinha visto mesmo um religioso sair do quarto. A seguir, a filha da paciente entrou e ela mencionou a visita do frei, ao que a moça disse não ser possível, pois o frei estava em viagem, bem longe dali. Como poderia tê-la visitado? Mas a mulher insistia; enfim, a filha atribuiu a visão a algum sonho e eu imaginei que o religioso tivesse morrido sem que elas soubessem e tivesse ido assisti-la em espírito. Foi isso que imaginei!

Continuou o médico:

– Da outra vez aconteceu algo semelhante. Uma menina índia, que viera de local distante, não me lembro qual, e que morava havia pouco em Londrina, havia sofrido sério acidente doméstico. Seu estado inspirava cuidados. No entanto, passados alguns dias, ela se revelou bastante tranquila e feliz, porque um pouco antes, frei Lauro havia ido conversar com ela. A mãe explicava que não poderia ser verdade, porque o frei estava em suas atividades na cidade natal da menina. Ela, a mãe, havia falado com ele. Era impossível chegar de um lugar a outro tão rápido. Ao sair do quarto, vi um frei capuchinho no jardim do hospital. Ele sorriu amavelmente para mim, mas quando eu ia me aproximar, um colega me chamou e me fez mudar de rumo. Quando retornei, o frei não estava mais lá. Mas hoje me lembrei nitidamente de seu rosto jovem, seu olhar expressivo e de seu sorriso cativante ao ver Paolo. São as surpresas da vida, meus bons rapazes – concluiu Debroisy bem-humorado.

Reinaldo, que sempre fora descrente em relação a aspectos atinentes à vida espiritual, estava abismado diante das habilidades do irmão. Era bastante insólito o fato de alguém poder ser visto em dois lugares ao mesmo tempo, todavia, não era inédito. Nos dias atuais, como, nos registros do passado, muitos homens que foram considerados santos pela igreja tinham essa capacidade, como por exemplo, Santo Antônio de Pádua e São Francisco de Assis.

Tanto para Paolo como para Augusto, o encontro foi bastante proveitoso. Dariam continuidade a uma amizade que havia começado de maneira inusitada!

A AMIZADE PERMANECE

Em todos os reinos existentes, podemos considerar – mesmo entre os inanimados – o quanto a força de atração entre os seres é constante e admirável propulsora do avanço e da transformação. Partículas, moléculas, células se atraem, compõem novos organismos, conjuntos, e cooperam para construir algo necessário na natureza.

Entre os seres racionais, tal força poderia mesmo ser chamada amizade, virtude construtora do progresso coletivo. Não quis Deus que vivêssemos isolados uns dos outros justamente porque entre amigos aceleramos nosso progresso e aprimoramos nosso processo de autoconhecimento. A constante interação entre as almas só pode induzir, ao longo do tempo, à elevação de condutas e de sentimentos.

A amizade nos faz compartilhar conhecimentos, emoções, vivências e nos liberta de compactuar com ódio, irreflexão e covardia. Referimo-nos, evidentemente, à amizade autêntica, fundamentada nas bases do amor e entendimento fraternos e não onde existem interesses escusos, que geram cumplicidade com o crime e a mais rude vilania, que se extingue com o progresso e amadurecimento da alma. A primeira solidifica-se para todo o sempre.

E era exatamente o que acontecia entre esses personagens. Eles haviam se ligado havia várias eras. Tanto Paolo, como Reinaldo, Inaê, Edgar, Susana, Roberto, Stefânia e Martius tinham sido amigos leais, outros nem tanto. Alguns movidos por interesses mesquinhos e materialistas, envolvendo-se em perigosas armadilhas às quais a muito custo conseguiram se desvencilhar. Outros, prosseguindo seu esforço constante na correção das atitudes e das visões equivocadas a respeito da vida.

Finalizava agora o ano de 2001, o frade capuchinho aproveitava sua passagem por Guaratuba para mais uma vez caminhar tranquilamente pela Praia de Caieiras. Entardecia e o local estava calmo depois de uma rápida chuva que espantara os veranistas. Agora o sol brilhava timidamente, mas pintava um cenário bastante convidativo à reflexão.

Paolo já havia cumprimentado vários amigos e ido visitar sua querida amiga Ethel Zibronsky, que se encontrava adoentada. Ela se preparava para a longa viagem à pátria espiritual, sem nenhum receio. Aprendera muito com Susana, que demostrara tanta fortaleza diante de sua grave enfermidade. Paolo, ao vê-la, estava ciente de que em breve, despedir-se-ia de mais uma amiga do coração, a quem aprendera a amar desde a infância. Mas por que daria lugar à tristeza? Havia a esperança de que Ethel, ao retornar à verdadeira vida, encontraria a recompensa exata por seu esforço incessante de velar pela vida do planeta por meio da exploração racional e preservação dos recursos naturais. Esse sentimento deveria se sobrepor a qualquer outro. Sim, acima de tudo havia esperança de dias melhores!

Paolo relia a cópia da página psicografada no Centro Espírita frequentado por Debroisy. A mensagem, firmada por Martius, era a expressão fiel do pensamento da entidade, sintetizando tudo o que transmitira ao longo dos anos ao lado do frade capuchinho. O amorável espírito expressava-se assim:

Meus tão amados irmãos,

"Brilhe a vossa luz", recomendou o Mestre Nazareno a seus discípulos. Assinalou Paulo, o apóstolo, em palavras luminosas: "Fora da Caridade não há salvação".

Ensinava o Divino Mestre sobre a inexistência de barreiras entre todos aqueles que são semeadores do bem sobre a Terra!

Façamos brilhar nossa luz, sejamos católicos, espíritas, espiritualistas, evangélicos e outras tantas denominações religiosas que se espraiam entre os homens. Façamos nós a caridade, única capaz de salvar, pois é a legítima ponte a nos ligar com a Divina Sabedoria.

Ah, meus irmãos! Não nos deixemos apartar por divergências superficiais quanto às diretrizes do Mestre! Há muitos que vagueiam desesperados pelas estradas do mundo, tateando na escuridão dos próprios pensamentos. E vossa luz, onde está? Tristemente desperdiçada, pois vossa mente está mais ocupada em resolver intrincados problemas teológicos do que em socorrer os aflitos por meio da legítima caridade ensinada por Jesus!

É de se lamentar, queridos irmãos! Mas dia virá em que todos os homens se irmanarão, no sentido único do amor infinito que provêm do Criador. Só assim verão que é muito mais fácil transpor as barreiras do convencionalismo religioso do que se pode imaginar.

Trabalhemos todos... trabalhemos com afinco! Busquemos colaborar com nossos irmãos, independentemente das convicções religiosas que abracem! É nosso dever compreender que a caridade é qualidade indispensável para o progresso dos mundos e o bom-senso, propulsor do adiantamento humano.

Eis as palavras que lhes deixo, meus amados companheiros, confiante no amor de Deus a se estender sobre todas as criaturas, em todos os momentos!

Martius

De fato, a exortação para que as religiões triunfem sobre as barreiras do sectarismo e se unam em favor da caridade ensinada por Jesus era marca registrada em todos os procedimentos de seu mentor. Ele sabia que são ilusórias e passageiras as criações humanas que visam agrupar a todos neste ou naquele departamento da fé. Estacionamos provisoriamente num ou noutro, mas ao apagar da existência física, logo deparamos com a realidade maior: o Governador espiritual do planeta segue contando com o nosso apoio em sua lavoura de progresso e a Ele interessa menos a cor do uniforme do semeador. Interessa mais o que lhe vem d'alma, o quanto foi capaz de se guiar por suas luminosas diretrizes, semeando o amor e a paz por onde passou.

E assim, da mesma forma que Paolo caminhava, esperançoso pelo novo dia que sucederia aquele pôr do sol, que agora observava, da mesma maneira que ele olhava o arco-íris, que se formava, e se lembrava da amiga Inaê, encaminhamo-nos para o fim deste opúsculo, esperando que nossa obra tenha sido para você, caro leitor, mais um arco-íris no firmamento de suas experiências.

E o convidamos a acompanhar os desdobramentos desta história no plano espiritual, onde outros aspectos relevantes da existência de nossos personagens serão elucidados.

Por meio dos séculos

Evidentemente, vamos encontrar nossos personagens vivendo as mais diversas experiências. Uns em posição de vanguarda, outros nem tanto.

Senhores de sua conduta, dirigiram-se aos abismos do fracasso ou atingiram elevadas posições de amor e fraternidade entre os homens.

Quando Paolo esteve mais uma vez diante de Martius em recuadas eras, já se vira na condição de um aluno cheio de dúvidas e vacilações diante de alguém mais experiente e capaz de distinguir, com segurança, a verdade do erro.

E podemos localizar o encontro dos dois ao retroagirmos até a segunda metade do atribulado século XVIII, época de grandes conquistas para o espírito humano, conhecido como Século das Luzes, não obstante, marcado por conflitos sangrentos e cruéis disputas entre as nações adiantadas da época que vitimou populações praticamente indefesas.

Nessa época, Martius promoveu a paz. Paolo, trabalhava a serviço da guerra e, mais tarde, da reparação. Reinaldo, estava a serviço da ganância e do ódio.

E é nessa fase que agora nos concentramos, dando a conhecer ao leitor a natureza das experiências que conduziram nossos amigos às situações e conjunturas da vida presente. Para tanto, é preciso remontar à época em que Reinaldo apresentava-se na Terra como um fidalgo espanhol, chamado Gustavo Arancha, ao passo que Paolo, seu primo, era Miguel Quintanilla y Guzmán, na florescente Madri de 1754.

Eram os dois rapazes, Gustavo e Miguel, ambos favorecidos pela confortável posição social de que desfrutavam. O poder ao alcance das mãos, a mesa farta e a mente sem maiores preocupações quanto ao próprio destino.

Gustavo era filho de Dom Stebán Arancha, proprietário de várias e extensas propriedades rurais, tendo sob seu domínio, a vida de inúmeros servidores e apadrinhados. Era um homem bastante rico e influente, famoso pelo caráter voluntarioso e autoritário. Gustavo aprendera com ele os modos nem sempre gentis de um homem que tinha tudo o que queria, no momento em que desejasse. Havia pouco, o rapaz ingressara na carreira das armas com a esperança de viver grandes emoções de conquista, tal como haviam feito seus antepassados, em séculos anteriores, no período de lutas sangrentas que culminaram na anexação de parte do continente americano aos domínios da Coroa Espanhola.

Miguel era sobrinho de Dom Stebán Arancha. Havia dois anos buscara proteção na casa dos parentes, após a trágica morte de seu pai, envolvido numa emboscada cujo autor ainda permanecia ignorado. Na ocasião, salteadores atacaram-no durante o percurso em estrada pouco frequentada e levaram os poucos bens de valor: joias e algumas moedas de ouro, que haviam restado de sua fortuna, tristemente desperdiçada em jogos de azar e negócios malsucedidos.

Do lamentável episódio ficou a inolvidável lição de que nem toda tranquilidade financeira permanece senão for bem administrada. Miguel amava o pai, admirava-o e respeitava-o, apesar da comentada fraqueza de caráter e temperamento de perdulário que o haviam conduzido à ruína. Nos últimos tempos, lembrava o quanto estava arrependido por seus atos irrefletidos e disposto a recomeçar, ao lado do filho amado, uma vida menos abastada, mas sem dívidas e longe dos falsos amigos que apressaram ainda mais sua queda.

Gustavo era dois anos mais velho do que Miguel, e ambos tinham comportamentos bastante opostos. O mais velho era arrojado, aventureiro, sem maiores preocupações com a própria moral e muito autoconfiante; sentia-se praticamente imbatível, na certeza de que não conhecera ainda rival capaz de vencê-lo em disputa com armas brancas ou de fogo. Era de fato bastante habilidoso, tanto com as armas quanto como cavaleiro. Era o típico fidalgo espanhol orgulhoso em pertencer à nobre estirpe de um país vitorioso e dominador.

Já Miguel, apesar de também apreciar viagens que o levassem a lugares desconhecidos, tinha um caráter mais voltado à reflexão e ao estudo acadêmico. Destacava-se em atividades desportivas, mas amava conhecer os livros, frequentar as abadias e manter amizade com monges, que muito lhe falavam a respeito da importância de se cultivar atenção especial ao lado espiritual do ser. Antes da morte do pai, Miguel chegara mesmo a aventar a possibilidade de se tornar um beneditino. Mas o inesperado desenlace paterno modificara-lhe os planos. Decidira, então, buscar abrigo na casa de Stebán, ao lado de Gustavo, em quem identificava mais um irmão do que um primo.

Assim, era frequente vê-los distraídos de tudo, nas ruas da capital espanhola, em animadas noitadas com os amigos e as mulheres. Gustavo insistia com o primo para que ele se alistasse no Exército. Em alguns meses, mais algumas tropas seguiriam para Buenos Aires, a fim de reforçar o contingente que lá existia. Miguel, todavia, hesitava quanto ao risco da empreitada. Não haveria de ser uma viagem agradável. Os perigos eram muitos, havia o risco iminente de um embate entre as forças imperiais, que buscavam fazer valer as determinações do Tratado de Madri, assinado em 1750, o qual impunha a troca dos Sete Povos das Missões pela Colônia do Sacramento. Pelas informações, os indígenas que há várias décadas viviam em reduções jesuíticas dos espanhóis se dispunham à luta, recusando-se a sair da terra onde habitavam e entregá-las aos portugueses, conforme determinava o Tratado.

Mesmo assim, Gustavo Arancha estava decidido a seguir para a América onde, segundo ele, haveria de viver a maior aventura de sua vida. E seguia contando que era capaz de convencer o primo a ir com ele, mesmo não identificando no moço a mesma índole de guerreiro que ele possuía.

Nas plagas
americanas

Depois de muita insistência e várias argumentações, Gustavo conseguiu convencer o primo. Despertou nele sonhos de grandeza pessoal, caso se destacasse prestando serviços à Coroa Espanhola. Poderiam ser promovidos, recompensados, fazer fortuna por terem sido jovens fidalgos valentes em combate.

Na visão de Miguel, nada mais havia a fazer naquele lugar após a morte do pai. Sentia-se inclinado, era verdade, à vida religiosa e contemplativa dos mosteiros. Mas o entusiasmo do primo foi mais poderoso e contagiante. E assim eles partiram, rumo a maior e mais intensa experiência da existência deles.

Miguel, ao embarcar para o novo continente, deixava para trás as mais tristes recordações. Os últimos anos o haviam abalado profundamente. Deixava a bela e sedutora figura de Estela Martín, a abominável figura de Alejandro de Oviedo, o mais terrível credor das dívidas de seu pai. Ambos haviam se aliado para trazer a ruína de Dom Sancho, aproveitando-se de sua imprevidência e paixão desmedida pelo jogo. Miguel queria muito soterrar na memória a sórdida vingança de Estela que, ao vê-lo inclinado a se tornar monge, aproximou-se do pai dele, despertando-lhe avassaladora paixão. Seu objetivo, porém, era destituí-lo de sua fortuna e poder para punir o filho com a penúria e a desonra. E, para tanto, não hesitara em se aliar, às escondidas, ao falso amigo do pai de Miguel, Alejandro de Oviedo.

Miguel partia e se preparava para a dureza dos próximos meses, talvez anos. Nem ele nem o primo tinham ideia se veriam a Espanha novamente. Jovens arrojados, haveriam de se sair bem na empresa e ser devidamente recompensados.

No ano de 1754, a luta sangrenta que mais tarde se chamou Guerra Guaranítica já havia se iniciado. Já manifestavam, os guaranis missioneiros, sua firme disposição em defender as terras dos ataques tanto de portugueses como de espanhóis. Promovendo guerrilhas, os índios traziam perdas às tropas de europeus que se avizinhavam.

Em breve tempo, Miguel e Gustavo já estavam na área de conflagração. Os dois anos que se passaram foram tenebrosos para todos aqueles que ali se envolveram. O inimigo era o indígena missioneiro, que tentava resistir a uma determinação que julgava injusta: abandonar a terra onde vivia e tudo o que nela havia construído para os portugueses, novos donos daquela porção do continente. Lutavam com armas ancestrais, usavam táticas de guerra e velhas armas de fogo contra exércitos bem preparados e com moderno armamento.

A derrota, apesar da grande valentia dos guerreiros guaranis, era previsível, e em 1756, após a batalha final de Caiboaté, a Guerra Guaranítica chegou ao seu desfecho. O número de indígenas mortos foi superior às perdas entre os luso-espanhóis.

A verdadeira carnificina, o cheiro insuportável dos cadáveres pelos campos, o fogo a dominar a paisagem, o gemido dos feridos e agonizantes, o choro dos indefesos, todo esse espetáculo de horror causou impacto diverso em Miguel e em Gustavo. O primeiro, depois de anos de lutas, estava exausto, ferido, e parecia cada vez mais distanciado da realidade. Quando estava só, chorava abundantemente. Seu coração parecia não mais suportar tanto horror. Parecia envergonhado de si mesmo, como se só ele fosse o causador de tanta desgraça.

Gustavo sentia que tinha cumprido e muito bem sua tarefa com seus compatriotas. Lamentava as perdas sofridas, mas sempre que podia ver o primo, tentava encorajá-lo.

Haveria de chegar o dia do regresso, no qual seriam recebidos como heróis, e Dom Stebán, em Madri, haveria de providenciar lauto banquete para recepcioná-los. Contudo, constatava o olhar perdido de Miguel, que, reflexivo, apenas respondia:

– Nada disso vale a destruição que houve aqui, Gustavo... uma civilização perdida, criaturas humanas dizimadas...

– ...Por que reagiram, Miguel? – contrapunha Gustavo. – Se tivessem se retirado pacificamente nada disso teria acontecido. Fizemos o que nos competia fazer! De nada podem nos acusar! Somos oficiais a serviço de El Rei e fizemos valer sua determinação.

Vendo que seus argumentos em nada alteravam a tristeza e o profundo descontentamento do soldado, continuou ainda:

– Ah, Miguel... essa gente se arranja! Muitos estão cruzando o Rio Uruguai para se instalar nas regiões espanholas, deixando esse território para os portugueses. Vamos, homem! Anime-se! Vamos ouvir um pouco de música!

– Não, Gustavo... deixe-me, quero ficar sozinho!

O outro se foi, com a certeza de que não conseguira tirar o primo daquele abatimento, cujos efeitos eram imprevisíveis. Sempre soube que sua verdadeira vocação não era para as armas, para enfrentar os perigos de um campo de batalha. Pensava, contudo, que o tempo haveria de fortalecer sua fibra de guerreiro e que, ao defender a própria vida, se tornasse menos escrupuloso. Para Gustavo, a perda de vidas humanas fazia parte da conflagração. Para Miguel, era algo que lhe pesava tremendamente e, se possível, tudo faria para não ter participado daquele verdadeiro massacre que se seguiu.

Naquela noite, enquanto todos no acampamento buscavam se divertir, entre cantos e histórias fantásticas, Miguel saíra sem rumo, a vagar pelo cenário de dor e destruição. Andou muito, sem perceber o quanto se distanciava de seu regimento. Caminhava apressado, como se fugisse de algo que o perturbava intensamente.

Na escuridão da noite, encontrou um grupo que se esgueirava discretamente em direção ao rio. Eram um padre jesuíta, dois índios e uma mulher com duas crianças. A certa distância, podia ouvir o padre falando com eles em língua guarani. Instruía-os a permanecerem ali e seguirem assim que o sol raiasse. A mulher estava grávida e exausta. Já haviam alcançado um local de refúgio mais seguro. Assim fizeram. Tinham poucos mantimentos, mas dividiram entre si o alimento e logo passaram ao repouso.

Miguel deixou-se ficar ali mais alguns instantes, sem ser visto. Como era bom ver um religioso naquele lugar tão distante, que parecia ter sido esquecido por Deus, tal a quantidade de sangue e lágrimas derramados nos últimos tempos! Se pudesse se aproximar e conversar com ele, muito estimaria! Mas isso lhe parecia irrealizável devido às circunstâncias. Era ele, Miguel, um dos agentes de tanta infelicidade, provocando a fuga arriscada para o outro lado do rio.

Estava o rapaz tão entretido com seus próprios pensamentos que cometeu um descuido lamentável. Não percebeu a aproximação sorrateira de uma cobra que lhe deu um bote certeiro na perna. Miguel soltou um grito de dor e só foi encontrado mais tarde por um dos índios. Logo a seguir apareceu o padre, que, vendo que se tratava de um soldado espanhol ferido, impediu o ataque do índio, prestes a matá--lo. Miguel, agradecido, experimentava uma tontura e um mal-estar que o deixavam totalmente indefeso. Ao que tudo indicava, porém, o sacerdote iria tratá-lo amistosamente e também socorrê-lo. Jamais esqueceria aquele instante em sua vida. Naquele momento, estava ele diante de Martius.

O retorno à Espanha

Alguns meses se passaram até que Gustavo Arancha visse novamente sua terra natal, Madri.

Retornava sozinho. O companheiro de aventuras decidira permanecer, seguindo destino ignorado com um padre jesuíta que atravessara com alguns índios para o outro lado da fronteira.

Em vão, Gustavo suplicava que Miguel voltasse à razão e retornasse com ele. Em meio à travessia, o rapaz apenas gritou:

– Meu amigo, vou em busca da paz que perdi. E sei que não há outro caminho senão este!

Gustavo, sem saber o que fazer, omitiu à patrulha que fora designada para encontrar o fugitivo, que havia falado com ele. A seu ver, era uma forma de proteger o primo de um severo castigo. Muitos passaram a acreditar que Miguel houvesse sido encontrado pelos índios em meio a sua caminhada e morto ali mesmo. Encontraram alguns pertences, manchados de sangue. Talvez tivesse sido jogado no rio e seu corpo arrastado pela correnteza, pois acharam suas armas próximo à margem. Gustavo julgou ser melhor que pensassem assim.

Mas agora, ao rever as cores e os aromas de sua querida Madri, pensava no que diria ao pai, Dom Stebán Arancha. A ele, não teria coragem de mentir. Mas como dizer-lhe que seu adorado sobrinho era agora um infame desertor? Como explicar que ele havia preferido se internar em regiões distantes, na companhia de padres e índios sobreviventes de um sonho que ruíra, a voltar ao convívio daquele lar confortável e abastado? Que estranha força, afinal, teria levado Miguel a tão súbita decisão?

Já sabia que o estado de saúde do pai era precário. Havia tempos os médicos estavam lutando contra a insidiosa moléstia que lhe atacara os pulmões, mas sem sucesso. Apesar de todo o sofrimento, Stebán esboçou largo sorriso ao rever o filho querido que já sabia ter se notabilizado entre os seus pela intrepidez, coragem e astúcia nos combates. Muito ainda haveria de progredir na carreira das armas. Gustavo não teve a faustosa recepção que esperava, mas talvez fosse melhor assim. Via o semblante abatido do pai e presumia que ele estivesse apenas esperando seu regresso para se despedir da vida.

Nos dias que se seguiram, Gustavo evitou o quanto pôde dar mais um desgosto ao velho Stebán protelando a conversa sobre o que acontecera realmente com Miguel. A princípio, ele imaginou que o sobrinho ainda estivesse por chegar a qualquer momento. Todavia, ao ver a maneira estranha com que o jovem Arancha se comportava toda vez que ele tocava no assunto, passou a suspeitar que algo muito grave tivesse acontecido.

Certa tarde, estavam os dois sozinhos, na varanda da ampla residência, quando o dono da casa iniciou o diálogo, sendo bastante objetivo quanto ao que queria saber:

– Diga-me, filho! O que aconteceu a Miguel? Ele está morto?

Gustavo, colhido de surpresa, redarguiu:

– Não, pai. Ele não morreu, não foi isso que aconteceu!

– Mas então você sabe de algo que seus superiores desconhecem! Pelo que fui informado, seu primo foi dado como morto. Por que não contou a verdade?

O jovem oficial sentiu que não era mais conveniente esconder a dura realidade. Não queria dar esse dissabor ao pai. Por outro lado, a culpa não era dele. Miguel que se deixara tomar por estranha força e preferira ir para o lado dos vencidos a se juntar aos vencedores. Era hora de Stebán saber quem era seu tão adorado sobrinho.

Este por sua vez, diante do silêncio do filho, tornou a insistir:

– Fale, Gustavo! Quero saber! O que aconteceu a Miguel?

– Ele está vivo, meu pai. Mas penso que tão cedo não retorne. A última vez que o vi, ele seguia com um barqueiro que o conduzia à outra margem do rio. Iria se unir a missionários e índios remanescentes das missões destruídas. Eu nada disse, porque temi que Miguel fosse duramente castigado.

– ...Como desertor que é, o infeliz! – rematou o velho Stebán, com olhar enfurecido!

Calaram-se. Em outros tempos, Gustavo sabia que a reação do pai seria bem outra. Por certo sairia esbravejando, praguejando, fazendo recair sua fúria sobre os objetos da casa. Mas a doença o fragilizara e a raiva e indignação que sentira naquele momento eram expressadas pelo olhar duro, semblante contristado e punhos que se fechavam. Sabia também, que a qualquer momento ele daria a conhecer sua decisão final e irrevogável sobre o caso. Esperava que o pai desse tudo por encerrado, que determinasse o esquecimento total de Miguel Guzmán, a ser considerado morto, vítima de índios vingadores que o haviam assassinado depois de capturá-lo na escuridão da noite.

E, então, o inconformado Stebán pronunciou-se:

– Desertor, infame! Desonra nossa família! Como pôde ter sido tão covarde! Preferia que realmente tivesse morrido em batalha do que saber que está por vontade própria entre padres e silvícolas atrasados e ignorantes! Ou mesmo que houvesse sido exemplarmente punido como desertor. Ainda assim, pagaria pelo grave erro que cometeu.

E, para surpresa de Gustavo, sentenciou:

– Não, meu filho. Isso não está certo, não pode ficar assim! Você vai se comprometer a voltar àquele lugar e só retornar com Miguel. Vai tirar essa fantasia que ele criou para si mesmo e retornar com ele para a civilização, para o mundo em que ele deve viver. Fará isso pelo seu pai, por nossos ancestrais! Não vai deixá-lo viver entre aqueles que se rebelaram contra a Coroa Espanhola. Não, Gustavo! Não devemos permitir isso. Miguel há de voltar! Jure que colocará toda sua inteligência e todos os seus recursos para que um dia seu primo volte a esta casa, mesmo que eu já não esteja mais aqui! Jure-me agora, Gustavo!

Stebán, com olhar fulminante, aguardava a resposta do filho, que, espantado com a determinação paterna, tentou alegar que Miguel agira por vontade própria e por certo não iria regressar a Madri, e caso isso fizesse parte de suas aspirações, ele mesmo providenciaria o retorno, não sendo necessário resgatá-lo. Ao ser exposto, tal ponto de vista, só fez intensificar ainda mais a ira do poderoso Stebán.

– Muito me envergonha por pensar assim! Então, acha certo abandonar seu primo, filho de meu adorado irmão, à própria sorte. Não vê que ele não está em seu juízo perfeito? Só mesmo um doido poderia ter feito tal escolha. Não, Gustavo! Não aceito o que me diz e exijo que se comprometa a ir, sem demora, em busca de Miguel, nem que isso consuma anos de sua vida, sua saúde e sua segurança. É forte e arrojado e irá se sair bem. Mas filho, tem de me obedecer e ser fiel ao que determino, para a paz de minha alma que se retira deste mundo!

O pai exigia do filho um sacrifício inominável em virtude de seu acendrado amor por alguém que era apenas seu sobrinho. Como explicar tanta predileção? Por que isso era tão importante para ele? Gustavo imaginava que o nome do primo seria proscrito dali em diante e, no entanto, o conhecimento da verdade despertara em Stebán um sentimento exatamente oposto. Queria Miguel de volta custasse o que custasse.

Naquele momento, diante da expectativa do pai, só lhe cabia concordar e, a contragosto, respondeu:

– Sim, meu pai... Juro que irei em busca de Miguel e tudo farei para que ele retorne comigo!

– Você fará mais do que apenas tentar! Vai trazê-lo de volta, nem que para isso tenha de arrastá-lo! Miguel não há de terminar seus dias entre aquela gente inferior que nada de bom pode lhe dar a não ser problemas, riscos, doenças e maus costumes! Jure-me, Gustavo!

– Está bem! Juro e lhe dou minha palavra de que assim o farei!

Cerca de duas semanas depois, Stebán, com a alma repleta de alegria, dissabores e preocupações encerrava sua jornada terrena e partia para a vida espiritual. Mesmo assim, continuaria vigilante quanto ao cumprimento da promessa do filho. Não haveria de deixá-lo esquecer e somente sossegaria quando do Gustavo finalmente regressasse à Espanha com Miguel.

Em busca de Miguel

Três anos haviam se passado e já era de conhecimento de todos que os jesuítas estavam sendo expulsos de Portugal e de suas colônias. Tal notícia trazia mais apreensão a Gustavo, ao se lembrar do destino incerto do primo. Temia que o mesmo acontecesse nas colônias espanholas. Ao mesmo tempo, receava deixar o conforto de sua vida em Madri e empreender viagem longa e arriscada em busca de alguém que talvez estivesse morto.

Sabia, contudo, que sua consciência não o deixaria em paz enquanto não cumprisse a promessa feita ao pai, que, em espírito, costumava aparecer em sonhos ao filho e não estava nada satisfeito com a demora dele em resgatar Miguel. Quando sonhava com o pai, e via seu olhar enfurecido, acordava extenuado e assustado.

Naquela manhã, quando mais uma vez passeava pelas ruas da esfuziante Madri, observando a agitada movimentação daquela que era uma das principais capitais do mundo na época, tornou a ver aquela bela atraente mulher, elegantemente trajada e cercada por serviçais que lhe carregavam os embrulhos numerosos, resultado das compras do dia. Continuava esbelta, sua passagem despertava a admiração masculina e feminina, que invejavam seu porte altivo e seus modos impetuosos de quem se julgava senhora do mundo. Ela era Estela Martín e já corria pela cidade a notícia de que ela se preparava para longa viagem com seu amante, Dom Alejandro de Oviedo. Há tempos os dois haviam se associado a empreendimentos menos dignos, os quais, todavia, renderam-lhes fortuna e abastança.

Gustavo recordava ainda do quanto a participação de Estela fora decisiva para que seu tio, Dom Sancho Quintanilla y Guzmán, pai de Miguel, fosse conduzido à ruína financeira. Agora, aliara-se a um homem que não era tão tolo quanto o primeiro. Extraía da bela mulher o melhor que ela podia oferecer, não só em charme e aparência distinta, mas também em astúcia e capacidade de envolver as pessoas. Era uma estranha relação aquela na qual tanto Alejandro como Estela pareciam viver uma simbiose, um explorando no outro o que lhe era mais vantajoso.

Mesmo assim, o filho de Stebán não deixava de admirá--la. E fazia justamente isso, enquanto ela se dirigia à carruagem que a esperava. Acomodados os embrulhos, Gustavo pensava em se aproximar quando, de dentro do veículo, para sua surpresa, assomou a desconfiada figura de Alejandro de Oviedo.

Os dois homens cumprimentaram-se, mas se olharam com furor. O jovem Arancha, frustrado por não ter conseguido trocar algumas palavras com a mulher que o atraía; o outro, enciumado, pronto a repelir qualquer investida, principalmente por parte dele, ligado à família de Sancho, uma das vítimas de sua ganância.

Contudo, ao mesmo tempo em que se sentia frustrado, também se sentia desafiado a se aproximar de Estela ao menos uma vez. Queria desfrutar de bons momentos ao seu lado e, ao mesmo tempo, fazê-la sentir o sabor da revanche por tudo o que causara de mal a Sancho e a Miguel, privando-os de seus bens materiais.

E nos dias que antecediam a partida de Estela e Alejandro, ele, não resistindo às obscuras sugestões de sua mente desajustada, ousou tentar entrar, às escondidas, na bem guardada casa da mulher que atraíra sua atenção. Bastante sedutor, Gustavo sabia que não teria dificuldades em executar seus planos. E não era a primeira vez que surpreenderia uma dama em sua própria casa, num momento inesperado.

E, assim, sorrateiramente, tentava entrar sem ser visto quando foi surpreendido por um dos guardas da casa. Obedecendo às ordens de Alejandro, o vigia comunicou aos outros guardas e, juntos, espancaram Gustavo deixando-o quase inconsciente.

Tal episódio só serviu para acendrar ainda mais o ódio do militar por Oviedo. Assim que se restabeleceu, foi ao encontro dele para lhe mostrar que não era um covarde e que faria com suas próprias mãos o mesmo que ele havia mandado seus asseclas fazerem.

Era uma temeridade, mas Gustavo, impetuoso como sempre, não se deixava governar pela razão. Alejandro fingiu aceitar o desafio, mas, traiçoeiramente, tentou sacar uma arma. Gustavo, bastante ágil, ao perceber a enganosa intenção do oponente, conseguiu alvejá-lo antes de ser atingido. O tiro, certeiro, foi fatal para Alejandro.

O crime, sem testemunhas, visto que os dois estavam sozinhos, em local ermo, só foi descoberto mais tarde.

Como consequência, Estela, comprometida com dívidas que não podia pagar, pois seu maior protetor havia partido sem deixá-la em situação segura, passou rapidamente da abastança à miséria e desencarnou após longa enfermidade, alguns meses depois do ocorrido.

Quanto a Gustavo, reuniu tudo o que pôde e partiu para o Paraguai, onde suspeitava que Miguel pudesse estar vivendo.

Chegava, mais uma vez, com as mãos sujas de sangue e o coração cheio de ódio e violência. Estava disposto a tudo para cumprir a palavra dada ao pai. E Miguel voltaria com ele, nem que fosse arrastado.

Ao chegar a Assunção, no Paraguai, buscou nos aldeamentos missioneiros, informações sobre o paradeiro de Miguel. Não conheceu ninguém que lhe fornecesse as pistas que buscava.

Todavia, Gustavo Arancha era persistente e perspicaz e não aceitaria voltar à Espanha sem o primo, como já ocorrera da outra vez.

Jamais esqueceria a tristeza e a inconformidade do pai ao vê-lo regressar sozinho. Além disso, não existia mais a razão principal que tanto desgostara Miguel: seus inimigos, Alejandro e Estela, estavam destruídos; a vingança se efetivara.

Assim, Gustavo tinha a certeza de ser capaz de convencê-lo a largar tudo e seguir com ele.

Entretanto, sua dificuldade maior se devia ao fato de ele não conhecer a região. Precisava de alguém que soubesse se entender com os índios, que lhe servisse de guia por aqueles caminhos. Iria palmilhar toda a região se preciso fosse até encontrar o primo. Haveria também de ser uma pessoa fiel, corajosa e disposta a enfrentar todos os perigos ao seu lado.

Gustavo encontrou todas essas qualificações em Castilho, um mestiço, filho de índia com pai espanhol. Era um homem bastante acostumado a perseguir foragidos e seguir trilhas. Forte e corpulento, aparência grotesca, intimidava quem quer que o visse apenas com seus modos bruscos e olhar de quem tinha poucos amigos. As façanhas das quais já havia participado eram incontáveis. Muitos homens, principalmente índios, não haviam sobrevivido a sua passagem. Era alguém sem lei e sem piedade, servindo a quem lhe pagasse melhor. E estava sendo muito bem recompensado por Gustavo, que o havia contratado por saber de sua experiência em serviços dessa natureza. Considerava-se bastante inteligente e sagaz para controlá-lo.

E, com Castilho a intimidar quem se aproximasse ou tentasse detê-los, Arancha seguiu sua busca em outros aldeamentos, próximos de Assunção, onde se suspeitava que vivia um homem branco, espanhol, chamado Miguel.

Enquanto isso, Martius despedia-se de seu mais querido pupilo: Miguel Guzmán. Retornaria a Assunção naquele mesmo dia. Estava muito contente em ver a disposição do rapaz em se fazer útil ao trabalho dos missionários jesuítas. Tencionava ainda se ordenar padre, mas, por ora, contentava-se em servir principalmente aos órfãos e às viúvas abrigadas nas povoações.

Martius recordava-se, ainda, da noite em que socorrera Miguel, ferido por uma mordida de cobra. Não se arrependia de ter confiado nele e ajudado os índios que o seguiam a vencer também suas suspeitas de que ele pudesse traí-los.

Miguel aprendera muito com os indígenas. Apreciava seus costumes e não os considerava selvagens sem cultura. Havia se tornado muito amigo de Nair, a índia que conhecera ainda grávida, em companhia de Martius. Seu bebê nascera pouco depois e fora batizado com o nome de Lúcio. Tinha três anos e era um indiozinho bastante amigo e querido por todos.

O pequeno significava muito para Miguel. Seu nascimento representara o ressurgir da esperança em dias melhores. Dedicava-se àquela vida em formação como se dessa forma se redimisse dos erros do passado quando fizera perecer, durante a guerra, tantos e tantos indígenas. Talvez somente essa atitude não fosse suficiente para apagar sua ignomínia e por essa razão ele era incansável em cumprir com todas as tarefas para as quais fosse solicitado, desde as mais simples até as mais complexas. Queria, acima de tudo, ficar em paz consigo mesmo e levar amor onde outrora levara dor e sofrimento.

Em suma, Miguel Guzmán era um homem a serviço da paz prestes a enfrentar alguém que ainda carregava muita agressividade e violência. E ele não hesitaria em, mais uma vez, levar a destruição, se julgasse necessário.

Seguia Martius pela estrada, rumo a Assunção, acompanhado por dois índios, seus companheiros fiéis: Agripino e Zelito. Iam vagarosamente, sem pressa de vencer a distância.

De repente, foram surpreendidos por dois cavaleiros que se lançaram sobre eles, dando a entender que não vinham em tom amistoso. Um deles já era conhecido dos índios, que se recolheram assustados diante daquele que tinha fama de ser implacável perseguidor. Era Castilho que, sem cerimônias, apeara do cavalo e, de arma em punho, constrangia-os a interromper a caminhada. A carreta que os conduzia parou imediatamente.

Apresentou-se, então, o segundo cavaleiro. Tinha vasta cabeleira negra, tez morena, longa barba e, apesar da aparência castigada por longos dias de viagem, supunha Martius, mantinha o porte e o falar altivo de um fidalgo.

Assim, num tom mais imperativo do que propriamente indagador, referiu-se ao sacerdote:

– Padre, não queremos interromper sua viagem. Quero apenas que me diga se sabe onde posso encontrar Miguel Guzmán. Ele tem a minha idade e deve ter se estabelecido em algum desses aldeamentos. Quero que me diga em qual deles posso encontrá-lo!

Todos entenderam sobre quem ele estava falando e entreolharam-se, denunciando, na expressão, que sabiam do paradeiro do referido rapaz. Todavia, permaneceram mudos. Não queriam se manifestar a respeito. Gustavo insistiu:

– Vocês sabem de quem estou falando! Digam-me! Onde está Miguel? Preciso encontrá-lo! – bradava impaciente.

– Quem o procura? – indagou Martius, serenamente.

– Sou o primo dele, Gustavo Arancha. Vamos, padre! Quero ouvir respostas e não perguntas!

– O jovem a quem procura não quer ser encontrado – respondeu o sacerdote intimorato.

– A mim não interessa se ele quer ou não ser encontrado. Eu quero e vou achá-lo. Nem que para isso... – e fez sinal para Castilho que o acatou prontamente.

Diante do espanto dos índios, o temível homem estava agora dominando a figura respeitada do sacerdote, tendo-o junto a si, pressionando uma faca contra sua garganta, ameaçando cortá-la caso não obtivessem a informação exigida.

Martius nada dizia e fazia um gesto com as mãos para que os companheiros não se assustassem.

Gustavo, sentindo-se senhor da situação, mais uma vez inquiriu sobre o paradeiro do primo. Zelito, assustado diante da cena terrível de ver o adorado amigo prestes a ser assassinado, revelou onde Miguel se encontrava.

Os dois cavaleiros se dirigiram para lá. Martius, Agripino e Zelito seguiram seu caminho até Assunção, receosos do que pudesse acontecer a Miguel. Todavia, assim que se refizeram do susto, recorreram à prece, pedindo a Deus que atenuasse as intenções violentas dos dois homens que agora seguiam na direção indicada.

Momento decisivo

Miguel estava entretido com as brincadeiras do pequeno Lúcio, sempre risonho e disposto. À margem de pequeno açude, Nair, a mãe do menino, lavava algumas roupas, deixando-o aos cuidados do olhar vigilante do homem branco em quem identificava um amigo leal.

Nair, a muito custo passou a confiar nele. No entanto, desde que notou seu interesse sincero em ajudá-la até mesmo no parto que se complicara, via-o com outros olhos. Era alguém que não se dispunha somente a ensinar aos índios, mas também em aprender com eles.

A índia havia sido cristianizada poucos meses antes do ataque à Missão de São Miguel, no atual estado do Rio Grande do Sul. Ali havia sido levada pelos irmãos, os mesmos que a acompanhavam no dia da fuga para o Paraguai: Zelito e Agripino. Eles já estavam mais acostumados com o ambiente e o trabalho desenvolvido na redução. Haviam levado a irmã, recentemente viúva, para ter seu filho sob o amparo dos padres jesuítas e demais índios aldeados. No entanto, pouco depois de sua chegada, a destruição da Missão se deu com tal intensidade que eles se viram obrigados a fugir.

Anos depois, em muitas ocasiões, ainda se viam ameaçados pela perseguição dos espanhóis que buscavam reduzi-los à escravidão. Mesmo assim, Nair tinha esperança de dias melhores para seu pequeno Lúcio, agora filho único, depois que ela perdera suas duas filhinhas.

Miguel estava separando algumas ervas medicinais que Nair lhe mostrara quando, ao longe, avistou a chegada de dois homens aos quais não identificou de imediato.

Um deles se aproximou, enquanto o outro se afastou para dar água aos cavalos.

O jovem Guzmán mal acreditou no que seus olhos viram. Diante dele estava, mais uma vez, a figura quase irreconhecível de seu primo Gustavo.

Algo nele, porém, o perturbou. De início, presumiu que fosse seu aspecto fatigado, as roupas sujas e desgastadas.

Para Gustavo, a surpresa também foi grande. Via um homem que pouco lembrava aquele com quem se divertia pelas ruas de Madri. Ele usava trajes extremamente simples, de um tecido grosseiro. Tinha a pele ressecada pelo sol e pelos maus-tratos e ali, em meio àquelas ervas, parecia mais um pajé de alguma tribo do que propriamente o fidalgo espanhol de refinada família.

Os dois se olhavam, sem nada dizer. Miguel, com a conhecida humildade, foi ao seu encontro para abraçá-lo. Todavia, para sua surpresa, o primo o repeliu com austeridade, declarando:

– Só volto a abraçá-lo quando você voltar a ser o Miguel de antes! A que se reduziu? Parece mais um selvagem, maltrapilho e cercado por estas...

– ...Ervas boas, Gustavo... ervas que curam doenças, conhecimento bastante antigo desses povos! – falou, tentando acalmar o primo afoito.

– Miguel, não atravessei mares e terras para que agora tente me convencer do quanto esses selvagens são sábios e bons. Quero que venha comigo! A Espanha é o seu lugar.

Gustavo estava sentado com Miguel, tomando a água de um bornal. Enquanto isso, ouvia-o em sua exposição:

– Que ironia! Você me arrasta para cá, insiste para que eu o acompanhe numa aventura na América e agora quer me obrigar a voltar? Acaso lhe interessa saber se esta é também a minha vontade?

– Não há como ser diferente, Miguel. Não há por que permanecer mais tempo neste lugar miserável, esquecido por Deus. Meu pai está morto. Os últimos dias que viveu na Terra foram para que ele me lembrasse continuamente da necessidade de levá-lo de volta à civilização. Eu prometi isso a ele e vou cumprir. Não há o que discutir. Partiremos amanhã.

Um instante de respeitoso silêncio se fez entre os dois. A seguir, Miguel declarou:

– Lamento muito a morte de meu adorado tio, Gustavo. Mas ir embora daqui, onde organizei minha vida depois daquele pesadelo que vivemos na guerra, é totalmente fora dos meus planos. Não pretendo deixar essa gente, cuja confiança tanto lutei para conquistar.

– Está louco, Miguel! Não pode estar em seu juízo perfeito! Como pode dar importância a essa gente que sempre viveu muito bem sem você?!

– Está certo, meu primo. Eu é que talvez não viva bem sem eles.

Gustavo, contrariado, vivamente aborrecido, custava a acreditar no que ouvia. Um turbilhão de pensamentos inquietava-lhe a mente. Seria preciso arrancar Miguel daquele lugar do mesmo modo como se arranca da terra uma árvore de raízes profundas.

"Enfeitiçado... ele só pode estar enfeitiçado. Alguma dessas índias malditas deve ter feito algo para aprisioná-lo de tal maneira a sua gente", ponderava ele.

Como costumava acontecer, Gustavo viu nos outros o mal que estava em si mesmo.

Aproximava-se agora, Nair, que ajudava Miguel a recolher as ervas. O forasteiro a observava. Olhava curiosa para o primo, supondo, maliciosamente, existir alguma ligação mais íntima entre os dois. Sua mente trabalhou rápido. Era preciso livrá-lo daquela influência danosa, que tolhia o seu juízo.

Nair, carregando algumas ervas, seguiu em direção à árvore em cuja sombra o filhinho Lúcio adormecera. Mas não conseguiu chegar até lá. Uma faca penetrou-lhe dolorosamente os pulmões e a impediu de prosseguir. Nair caiu morta, sob o olhar atônito de Miguel, estarrecido com a violência do primo. Ele, por sua vez, bradava satisfeito:

– Agora não há mais nada que o prenda aqui, Miguel! Livrei-o dessa feiticeira que o atormentava! Está pronto para vir comigo!

Guzmán correu para acolher a índia, abatida injustamente como se fosse um animal. Chorando, viu que nada mais restava a fazer. Ainda abraçado a ela, gritou para o algoz que tirara a vida de sua amiga:

– Gustavo, acaba de assinar sua sentença de morte! Não sairá vivo daqui e eu nada poderei fazer para impedir que o massacrem! Matou uma pessoa amada por eles! Não vão perdoá-lo por essa estupidez!

Gustavo ria-se como um insano, julgando-se incapaz de ser capturado e morto pelos índios.

No entendimento do primo, ele havia reacendido uma ira que já estava adormecida. A reação dos indígenas era imprevisível. Mesmo a segurança dos missionários estava ameaçada devido ao gesto tresloucado de matar uma inocente. Haveriam de querer vingança e numa hora grave como aquela, nada poderia contê-los em sua raiva contra os brancos.

Conforme Miguel previu, tanto Gustavo como Castilho foram duramente castigados e trucidados pelos índios revoltados, sem que ele nada pudesse fazer para impedir. Martius também foi sacrificado por eles. Mataram uma figura venerada entre os brancos, da mesma forma que Gustavo havia feito com Nair.

Miguel sobreviveu àqueles dias de horror e tomou a seus cuidados, o filho da amiga, Lúcio. O menino foi educado por ele até sua morte, em 1767, pouco antes da expulsão dos jesuítas dos territórios espanhóis.

Ele, todavia, permaneceu ainda por muito tempo com a terrível sensação de impotência diante da agressividade do primo, que causara a morte dele e de mais duas pessoas tão caras ao seu coração.

A violência do guerreiro interferiu na manutenção da paz tão almejada pelo monge!

A CAMINHO DO REAJUSTE

Conforme sabemos, o ódio, a revolta e o ressentimento nunca foram bons conselheiros. Nunca forneceram diretrizes seguras para o avanço do ser humano. Contudo, nem por isso ele tem deixado de se guiar pelos instintos, criando para si mesmo sérios conflitos, os quais só consegue solucionar por meio de ingentes esforços no sentido do aperfeiçoamento.

Na erraticidade, tanto Gustavo como Castilho foram duramente confrontados por seus adversários. Por tempo prolongado viram-se assediados por criaturas que viam neles inimigos cruéis a serem combatidos e não os deixavam em paz.

Ambos passaram por reencarnações expiatórias ao lado de seus verdugos, voltando à carne em situações bem diferentes das que haviam desfrutado: não mais um corpo saudável e harmonioso, não mais a abastança como no caso do primeiro, que conseguiu, numa nova experiência carnal, conciliar-se com seu mais terrível perseguidor: Alejandro de Oviedo. Assim também aconteceu com o pai Stebán, que, inadvertidamente, ao obsidiá-lo com a ideia de resgatar Miguel, muito contribuiu para as decisões precipitadas e desconcertantes dele.

Chegou, contudo, o momento de os protagonistas novamente se reencontrarem. E isso aconteceu na atualidade.

Stebán, que outrora foi pertinaz obsessor, renasceu na condição de alguém que auxiliava os outros em seus padecimentos tanto físicos como morais: dr. Augusto Debroisy, fiel amigo de Reinaldo Yunes, antes Gustavo. Seu pai, Alejandro de Oviedo, voltou a seu lado como Edgar Yunes.

Ao reencarnar como irmão de Roberto, Edgar partilhou do convívio com alguém que havia sido sua vítima no passado. Estavam juntos, mais uma vez, sob o mesmo teto. Sancho como Roberto, que havia sido espoliado tanto por Alejandro como por Estela.

A mulher sedutora de outros tempos também voltou a partilhar-lhes as experiências, apresentando-se na mais recente existência como Susana Yunes. Era de fato um desafio bastante grande unir-se a Roberto, o homem a quem prejudicara tão seriamente tanto no aspecto financeiro como no sentimental. Além disso, existia ainda a forte atração a levá-la para Edgar, seu antigo comparsa.

Todavia, Estela, agora como Susana, teria também de oferecer a conciliação e todo seu amor a outra pessoa a quem privara da fartura, levada por mesquinhos interesses: Miguel Guzmán. O jovem renasceu como seu filho, Paolo, a quem criou com muito sacrifício, longe de todas as facilidades, como forma de se corrigir por toda a desventura que lhe causara.

Já Paolo, sempre sob amparo de seu grande amigo Martius, reencetou a existência terrena imbuído pelos bons propósitos que o animaram desde aquela época. Soube vencer a rejeição instintiva do irmão Reinaldo. Certamente, ele se recusava a aceitá-lo, ainda que inconscientemente, devido a todos os prejuízos que tivera quando, em busca do primo Miguel, apenas colhera dissabores. Assim, preferia-o longe. No entanto, quando conheceu pessoalmente o irmão, percebeu que estava diante de um amigo, sem nenhuma intenção de prejudicá-lo. Assim, ressurgiu a forte amizade que os unira no passado.

Não somente Reinaldo voltou a partilhar a afeição de Paolo. A querida madrinha Iareci, que tanto o ajudou, era também a mesma amiga que, na condição de Nair, soube ser sua companheira mesmo depois de sua morte violenta, cruelmente abatida por um homem cujos sentimentos e emoções estavam desordenados.

Quanto a Reinaldo, tendo Taís aos seus cuidados ao passar pela dolorosa perda da esposa amada, Inaê, assassinada por Jocelito, expurgava o grave erro cometido quando, na personalidade de Gustavo Arancha, eliminou Nair, condenando Lúcio à orfandade.

Para Inaê, a dura provação, como não poderia deixar de ser, teve sua finalidade. Ao nascer como índia, numa família dizimada pela fúria da cobiça humana e mesmo por meio da morte aparentemente incompreensível e injusta, ela resgatou vários débitos contraídos no passado. Desta vez, pelo amor, aproximou-se de seu antigo parceiro de crimes e violências. E assim, uniu-se a Reinaldo, a quem conhecera como o violento Gustavo Arancha. Era assim que, ao longo do tempo, em árdua caminhada evolutiva, o primitivo Castilho finalmente reuniu em si as condições de reencarnar na figura da dócil Inaê, trazendo não mais dor e destruição, mas entendimento e perdão.

Foram inúmeras, portanto, as maneiras pelas quais nossos amigos buscaram e buscam ainda o próprio reajustamento. Tal como todos nós, vítimas de nossos atos na maior parte das vezes, colheram sucessos e fracassos ao longo da infindável jornada do espírito.

Não queremos justificar a violência humana apresentando-a como forma imutável de resgatar débitos contraídos. Ela existe devido ao grau ainda limitado de adiantamento dos seres humanos. Mas nunca foi a única forma de alcançar o tão desejado equilíbrio.

Salientamos que nosso intuito, ao apresentar esta obra, foi renovar a certeza de que todos estamos mais prontos do que imaginamos para dar à nossa vida um sentido mais nobre e digno, voltado para a solidariedade, o entendimento e o perdão, por mais adversas que possam ser as circunstâncias.

Somos constantemente advertidos pela nossa própria consciência e sacudidos pelas surpresas que a vida nos reserva. No entanto, mesmo o que podemos considerar surpresas ou golpes do destino, em muitos casos, faz parte de um longo e bem cuidado planejamento da Providência Divina, objetivando nosso crescimento integral.

Portanto, não atribuamos ao destino a causa de nossos problemas. Ninguém está fadado ao sofrimento eterno. E mesmo que não tenhamos pleno conhecimento das causas de nossos males, conservemos uma certeza: sempre podemos amenizar nosso presente e nosso futuro por meio da prática constante e não eventual, do bem e do amor ao próximo.

Deixamos com você, estimado leitor, essas reflexões, na esperança de que a leitura desta obra tenha mais uma vez renovado suas disposições íntimas em sempre agir pelo melhor, pelo mais justo, pelo mais acertado. A Providência Divina nunca erra e nós, quando erramos, sempre podemos corrigir nossos rumos. Façamos, então, tudo o que podemos, enquanto estamos caminhando, como já enfatizou o Mestre Jesus. Encontremos a paz que tanto buscamos e saibamos levá-la a todos os que fizerem parte de nossa caminhada!

PELOTAS, 12 DE ABRIL DE 2002

Leia também este imperdível romance do espírito Fernando

Psicografia de Lizarbe Gomes

Veredas da Paz

Floriano Sagres, escritor e jornalista, é casado com Diana Veiga, uma atriz muito talentosa e reconhecida. Ambos vivem uma vida feliz, até que ela conhece Vinícius, um produtor de TV e por ele se apaixona. Nesta obra aprendemos as verdadeiras consequências da Lei de Ação e Reação e entendemos também que a todos é dada uma oportunidade de multiplicar o amor rumo à construção da felicidade, pois ela é o instrumento maior de nossa evolução espiritual.

Leia os romances de Schellida!
Emoção e ensinamento em cada página!
Psicografia de **Eliana Machado Coelho**

CORAÇÕES SEM DESTINO – Amor ou ilusão? Rubens, Humberto e Lívia tiveram que descobrir a resposta por intermédio de resgates sofridos, mas felizes ao final.

O BRILHO DA VERDADE – Samara viveu meio século no Umbral passando por experiências terríveis. Esgotada, consegue elevar o pensamento a Deus e ser recolhida por abnegados benfeitores, começando uma fase de novos aprendizados na espiritualidade. Depois de muito estudo, com planos de trabalho abençoado na caridade e em obras assistenciais, Samara acredita-se preparada para reencarnar.

UM DIÁRIO NO TEMPO – A ditadura militar não manchou apenas a História do Brasil. Ela interferiu no destino de corações apaixonados.

DESPERTAR PARA A VIDA – Um acidente acontece e Márcia, uma moça bonita, inteligente e decidida, passa a ser envolvida pelo espírito Jonas, um desafeto que inicia um processo de obsessão contra ela.

O DIREITO DE SER FELIZ – Fernando e Regina apaixonam-se. Ele, de família rica, bem posicionada. Ela, de classe média, jovem sensível e espírita. Mas o destino começa a pregar suas peças...

SEM REGRAS PARA AMAR – Gilda é uma mulher rica, casada com o empresário Adalberto. Arrogante, prepotente e orgulhosa, sempre consegue o que quer graças ao poder de sua posição social. Mas a vida dá muitas voltas.

UM MOTIVO PARA VIVER – O drama de Raquel começa aos nove anos, quando então passou a sofrer os assédios de Ladislau, um homem sem escrúpulos, mas dissimulado e gozando de boa reputação na cidade.

O RETORNO – Uma história de amor começa em 1888, na Inglaterra. Mas é no Brasil atual que esse sentimento puro irá se concretizar para a harmonização de todos aqueles que necessitam resgatar suas dívidas.

FORÇA PARA RECOMEÇAR – Sérgio e Débora se conhecem e nasce um grande amor entre eles. Mas encarnados e obsessores desaprovam essa união.

LIÇÕES QUE A VIDA OFERECE – Rafael é um jovem engenheiro e possui dois irmãos: Caio e Jorge. Filhos do milionário Paulo, dono de uma grande construtora, e de dona Augusta, os três sofrem de um mesmo mal: a indiferença e o descaso dos pais, apesar da riqueza e da vida abastada.

PONTE DAS LEMBRANÇAS – Ricos, felizes e desfrutando de alta posição social, duas grandes amigas, Belinda e Maria Cândida, reencontram-se e revigoram a amizade que parecia perdida no tempo.

MAIS FORTE DO QUE NUNCA – A vida ensina uma família a ser mais tolerante com a diversidade.

Leia estes envolventes romances do espírito Margarida da Cunha
Psicografia de Sulamita Santos

Doce Entardecer

Paulo e Renato eram como irmãos. O primeiro, pobre, um matuto trabalhador em seu pequeno sítio. O segundo, filho do coronel Donato, rico, era um doutor formado na capital que, mais tarde, assumiria os negócios do pai na fazenda. Amigos sinceros e verdadeiros, desde jovens trocavam muitas confidências. Foi Renato o responsável por levar Paulo a seu primeiro baile, na casa do doutor Silveira. Lá, o matuto iria conhecer Elvira, bela jovem que pertencia à alta sociedade da época. A moça corresponderia aos sentimentos de Paulo, dando início a um romance quase impossível, não fosse a ajuda do arguto amigo, Renato.

À Procura de um Culpado

Uma mansão, uma festa à beira da piscina, convidados, glamour e, de madrugada, um tiro. O empresário João Albuquerque de Lima estava morto. Quem o teria matado? Os espíritos vão ajudar a desvendar o mistério.

Desejo de Vingança

Numa pacata cidade perto de Sorocaba, no interior de São Paulo, o jovem Manoel apaixonou-se por Isabel, uma das meninas mais bonitas do município. Completamente cego de amor, Manoel, depois de muito insistir, consegue seu objetivo: casar-se com Isabel mesmo sabendo que ela não o amava. O que Manoel não sabia é que Isabel era uma mulher ardilosa, interesseira e orgulhosa. Ela já havia tentado destruir o segundo casamento do próprio pai com Naná, uma bondosa mulher, e, mais tarde, iria se envolver em um terrível caso de traição conjugal com desdobramentos inimagináveis para Manoel e os dois filhos, João Felipe e Janaína.

Laços que não se Rompem

Em idos de 1800, Jacob herda a fazenda de seu pai. Já casado com Eleonora, sonha em ter um herdeiro que possa dar continuidade a seus negócios e aos seus ideais. Margarida nasce e, já adolescente, conhece Rosalina, filha de escravos, e ambas passam a nutrir grande amizade, sem saber que são almas irmanadas pelo espírito. O amor fraternal que sentem, e que nem a morte é capaz de separar, é visível por todos. Um dia, a moça se apaixona por José, um escravo. E aí, começam suas maiores aflições.

Os Caminhos de Uma Mulher

Lucinda é uma jovem simples, marcada pelos desafios. Desde cedo aprende a lidar com grandes dificuldades, que a levam a se transformar em uma pessoa forte e determinada. Disposta a mudar o rumo de sua história, ela decide viver em São Paulo e descobre que a vida ensina que perdoar é uma das melhores atitudes que podemos tomar para a nossa própria evolução.